Mühlviertel

…viertel

Traunviertel

BOHAUMILITZKY · TRAUNVIERTEL

HANNES
BOHAUMILITZKY

Traunviertel

DAS OBERÖSTERREICHISCHE
TRAUMVIERTEL

EDITION eg GUTENBERG

Abbildung Seite 1: Hallstatt, Fronleichnamsprozession,
Seiten 2 und 3: Ternberg mit Ennsfluss

© 2003 Edition Gutenberg
in der Steirischen Verlagsgesellschaft m. b. H.

© Karten: BEV-2002, vervielfältigt mit Genehmigung
des BEV – Bundesamt für Eich- und Vermessungswesen in Wien, Zl. 43 359/02.
Kartenausarbeitung: Amt der Oberösterreichischen
Landesregierung – DORIS – Systemgruppe Linz.

Alle Rechte vorbehalten
Kein Teil des Werkes darf in irgendeiner Form
(durch Fotografie, Mikrofilm oder ein anderes Verfahren) ohne schriftliche Genehmigung des Verlages
reproduziert oder unter Verwendung elektronischer
Systeme verarbeitet, vervielfältigt oder verbreitet
werden.

Druck: LeykamDruck, Graz
Gesamtherstellung: Edition Gutenberg

ISBN 3-900323-54-2

Vorwort

Das Traunviertel ist sicherlich das vielschichtigste Viertel Oberösterreichs. Es reicht von den weiten Ebenen des Alpenvorlandes bis hin zum höchsten Berg Oberösterreichs, dem Dachstein. Ruhe und Einsamkeit der Berge sind hier ebenso zu finden wie auch wichtige, pulsierende Industriezentren.
Dieser Kontrast macht den Reiz des Traunviertels aus. Keine mit wenigen Worten zu beschreibende Landschaft, sondern ein Gebiet, dessen unterschiedliche Charakterzüge erst gesucht und entdeckt werden müssen. Und genau das machte auch die Herausforderung für dieses Buchprojekt aus: Das Typische und gleichzeitig auch das Verborgene dieser Region herauszufiltern und aus den vielen unterschiedlichen Facetten – ganz subjektiv – ein Bild des Traunviertels zu entwerfen, das die Buntheit dieser Region auszudrücken vermag.
Im Laufe der fotografischen Arbeit kristallisierte sich jedoch heraus, dass nicht nur die allseits bekannten Gebiete einen besonderen Reiz ausüben. Vielmehr rückten jene Regionen immer stärker in den Vordergrund, die auf den ersten Blick nicht so viel Spektakuläres zu bieten haben. Scheinbare Kleinigkeiten entpuppten sich als unglaubliche Schätze – seien es Naturschönheiten oder auch weniger bekannte Sehenswürdigkeiten.
Schließlich ist es die Bevölkerung des Traunviertels – offene warmherzige Menschen –, die diese Region zu dem gemacht hat, was sie heute ist: Ein Traumviertel, in dem man sich einfach wohlfühlen muss.
Ich möchte mich bei all jenen ganz herzlich bedanken, die mich bei der Umsetzung dieses Projektes so tatkräftig unterstützt haben.

Hannes Bohaumilitzky

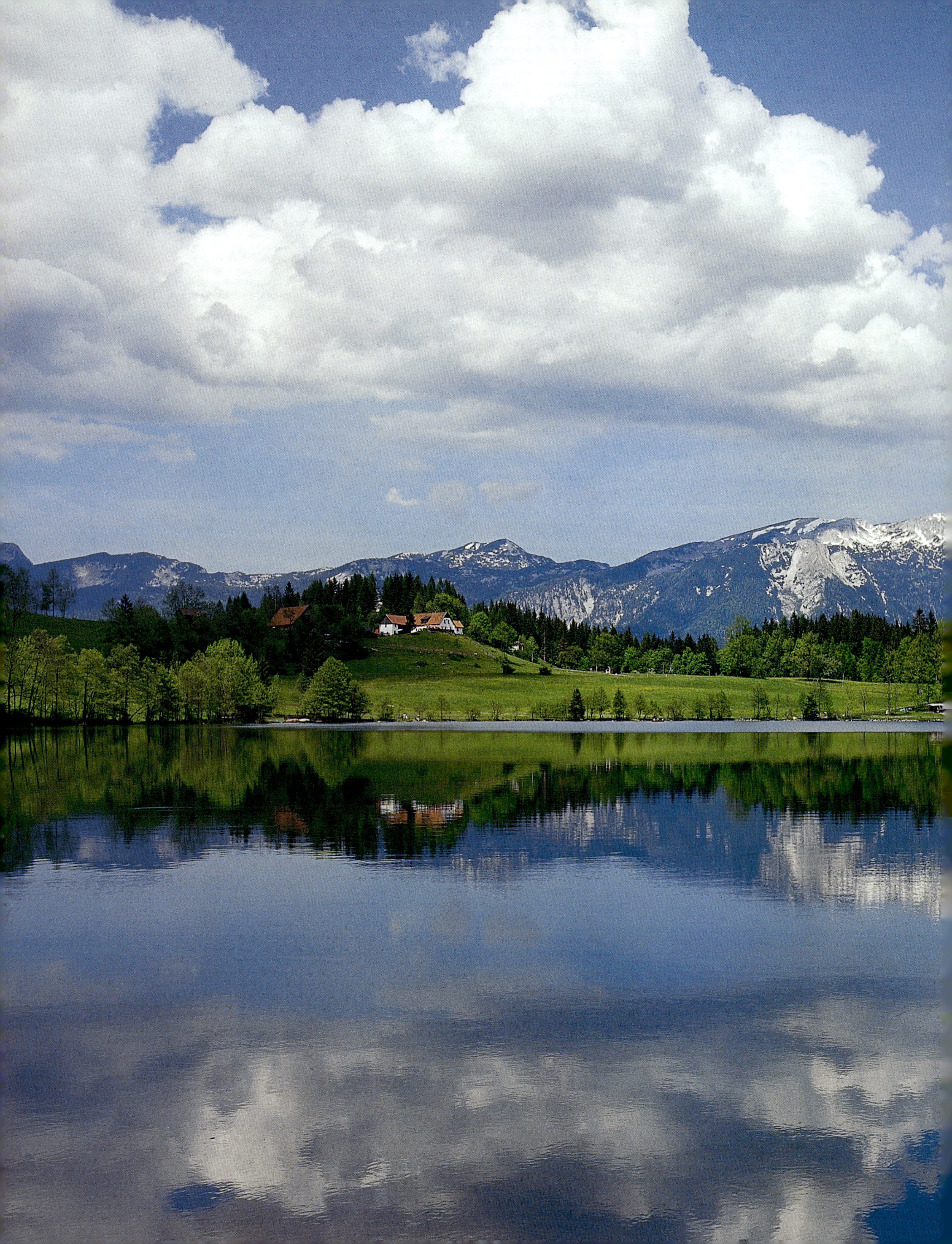

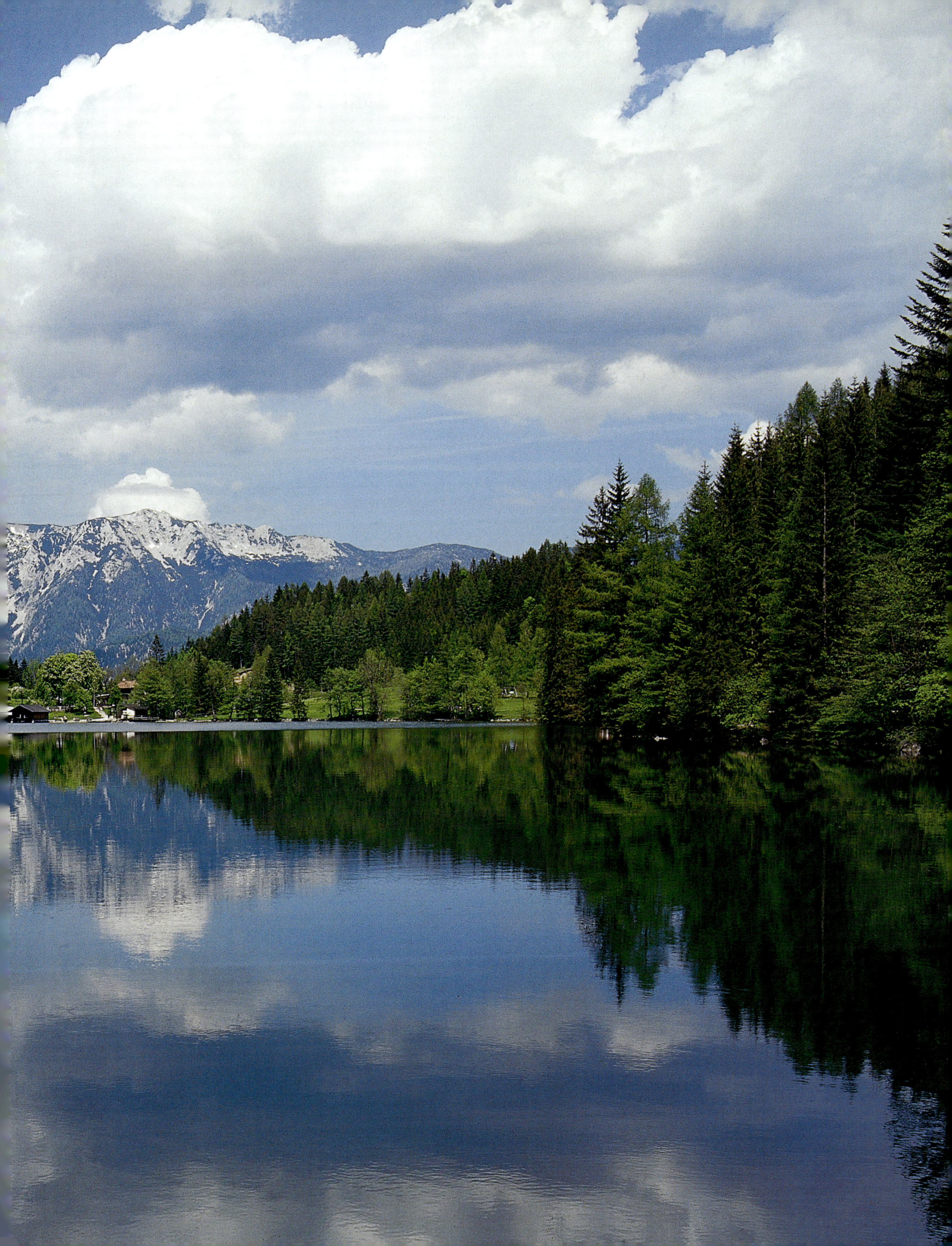

Einleitung

Der Titel des Buches *Traunviertel – das oberösterreichische Traumviertel* wurde nicht zufällig gewählt. Ist dieses Viertel doch das kontrastreichste und landschaftlich großartigste Viertel Oberösterreichs. Was das Traunviertel ausmacht, das ist seine Vielschichtigkeit und auch Vielseitigkeit. Sowohl was Landschaft und Bauwerke als auch was seine Geschichte und Gegenwart anbelangt.

Von Enns, der ältesten Stadt Österreichs spannt sich der Bogen über bedeutende Klöster wie St. Florian, Kremsmünster und Schlierbach über die Eisenstadt Steyr bis zum Herzstück des Salzkammergutes, an dessen südlichem Ende die Weltkultur- und Naturerberegion Hallstatt-Dachstein liegt. Daneben bilden der Nationalpark Kalkalpen und die Berge der Pyhrn-Priel-Region besondere landschaftliche Höhepunkte.

Am Beginn des Buchprojektes stellte sich heraus, dass die Grenzen des Traunviertels noch nicht verbindlich festgelegt waren. Die historischen Karten weisen immer wieder unterschiedliche Grenzverläufe auf, und auch in der Literatur gab es keine einheitliche Definition, welche Gebiete dieses Viertel eigentlich genau umfasst.

In der Folge wurde aus Anlass dieses Buches auf Grundlage des historischen Kartenmaterials und der geografischen Logik das Traunviertel vom oberösterreichischen Landeshauptmann Dr. Josef Pühringer verbindlich definiert:

Im Norden wird das Traunviertel von der Donau begrenzt, im Osten grenzt es direkt an das Nachbarbundesland Niederösterreich, und im Westen trennt der Traunfluss das Traun- vom Hausruckviertel. Ziemlich in der Mitte zwischen dem Traunsee und dem Attersee verläuft die Grenzlinie weiter in Richtung Süden, St. Wolfgang und das innere Salzkammergut bis hinein nach Gosau und Hallstatt sind ebenfalls Teil des Traunviertels. Im Süden bildet die Steiermark die Grenze.

Bild auf Seiten 6 und 7: Gleinkersee mit Sengsengebirge

Wenn auch der Grenzverlauf des Traunviertels bis in unsere Zeit nicht im Detail festgelegt war, so ist jedoch eines unbestritten: dass es sich hier um einen alten Kulturraum handelt, dessen Ursprünge sich weit zurückverfolgen lassen. So befindet sich im Traunviertel mit Hallstatt das namensgebende Zentrum der Hallstatt-Kultur (800–400 v. Chr.), deren wirtschaftliche Basis der Salzbergbau bildete – heute noch immer ein wichtiger Wirtschaftszweig im Salzkammergut. In den ersten nachchristlichen Jahrhunderten war *Lauriacum* einer der äußeren Vorposten des römischen Reiches in der so genannten *Provincia Noricum* und bildete die Grundlage für den Aufstieg von Enns, der ältesten Stadt Österreichs.

In den folgenden Jahrhunderten wechselten die Herren über diese Region, doch das spätere Traunviertel war sehr früh ein wesentlicher Faktor beim Werden von Oberösterreich – dem „Land ob der Enns", unabhängig davon, ob es nun unter babenbergischer oder später habsburgischer Territorialhoheit stand (bereits im Jahr 1478 ist von einer Vierteilung des Landes in Machland, Mühl-, Hausruck- und Traunviertel die Rede).

Neben den politischen Auseinandersetzungen um das Entstehen Oberösterreichs war das Traunviertel auch ein zentraler Schauplatz im Konflikt zwischen Protestantismus und Katholizismus. So befanden sich in Enns, Steyr und dem Salzkammergut Hochburgen der Lutheraner, und in der zweiten Hälfte des 16. Jahrhunderts stellten die Protestanten bereits etwa Dreiviertel der Bevölkerung. Doch auch die Gegenreformation hinterließ ihre Spuren, wie noch heute beispielsweise an den barocken Kirchenbauten zu sehen ist, wobei eher selten Kirchen neu errichtet als vielmehr bestehende Kirchen einer Barockisierung unterzogen wurden (z. B. Kremsmünster). In der Folge des Westfälischen Friedens von 1648 kam es auch zu Vertreibungen von Protestanten, die nicht zum katholischen Glauben zurückkehren wollten, wovon besonders das Salzkammergut betroffen war. Beendet wurde dieser Kirchenkonflikt erst im Jahr 1781 mit dem Toleranzpatent Kaiser Josephs II.

Zwei weitere wichtige Cäsuren beim Werden von Oberösterreich und damit auch beim Entstehen des Traunviertels sollen noch genannt werden: das Jahr 1783, in dem Joseph II. das Land ob der Enns zu einer eigenständigen Provinz innerhalb der Monarchie machte, und der 26. Februar 1861, an dem Kaiser Franz Josef I. im so genannten Februarpatent Oberösterreich als selbständiges und gleichberechtigtes „Erzherzogtum Österreich ob der Enns" anerkannte. Erst mit dem Ende des 1. Weltkrieges und der Ausrufung der Republik Österreich im Jahr 1918 wurde der bereits seit dem 17. Jahrhundert im Volk gebräuchliche Name „Oberösterreich" auch offiziell verwendet.

Die Landschaft des Traunviertels wird ganz wesentlich von Flüssen geprägt, wobei vor allem die Traun dieses Viertel wie kein anderer Fluss gestaltet: Immerhin speist sie sowohl den Hallstätter See als auch den Traunsee. Weiter östlich fließt die Alm – vom Almsee ausgehend in nördlicher Richtung – und mündet in der Nähe von Lambach in die Traun. Und schließlich wäre da noch die Steyr, die im Toten Gebirge entspringt und bei der Stadt Steyr in die Enns mündet. Die Enns selbst kommt aus der Steiermark und fließt nördlich der Stadt Enns in die Donau. Ein weiterer bedeutender Fluss ist auch noch die Krems, die bei Micheldorf entspringt und bei Ansfelden in die Traun mündet.

Die Berge des Traunviertels bestehen aus Kalkgestein. Neben dem fast 3000 Meter hohen Dachstein sind der markante Traunstein bei Gmunden (1691 Meter) und der Große Priel (2515 Meter) im Toten Gebirge die bekanntesten und beliebtesten Wanderziele. Zwischen dem Ennstal und dem Steyr- und Teichltal liegen im Nationalpark Kalkalpen das Reichraminger Hintergebirge sowie das Sengsengebirge. Das Tote Gebirge zieht sich im Süden des Traunviertels vom Massiv des Warschenecks bei Spital am Pyhrn bis ins Salzkammergut hinein. Im Gebiet um Ebensee liegt das Höllengebirge mit dem 1707 Meter hohen Feuerkogel, auf den eine Seilbahn hinaufführt. Der höchste Berg des Höllengebirges ist allerdings der 1862 Meter hohe Große Höllkogel.

Im äußersten Süden des Traunviertels eröffnet sich die Welt des Dachsteinmassivs mit dem markanten Gebirgszug des Gosaukammes. Hier liegen die höchsten Berge Oberösterreichs mit dem Hohen Dachstein als Hauptgipfel.

Die Wirtschaft des Traunviertels ist heute noch eng mit der Landwirtschaft verbunden, wobei aber seit Jahrhunderten auch der Salzabbau und die Eisenverarbeitung wichtige Wirtschaftszweige bilden.

Die Eisenverarbeitung hat in der so genannten Eisenstraße, einem Gebiet, das sich in Oberösterreich vor allem über das Enns- und Steyrtal erstreckt, nachhaltig Spuren hinterlassen. Überall stößt man hier auf die Reste alter Handwerksbetriebe oder früher industrieller Produktionsstätten. Die Stadt Steyr hat es geschafft, ihre traditionelle Industrie mit dem Potenzial gut ausgebildeter Arbeitskräfte in Richtung moderner industrieller Produktion auszurichten.

Und auch heute noch spielt der Salzbergbau im Salzkammergut eine wichtige Rolle. Am Salzberg von Hallstatt wurde zur Hallstattzeit das Salz trocken abgebaut und über den Wasserweg der Traun und der Donau transportiert. Heute erfolgt der Salzabbau mittels Soletechnik – die Saline liegt in Ebensee.

Die Arbeitsplätze des Traunviertels orientieren sich heute immer stärker in Richtung Dienstleistung und Industrie. Der Tourismus spielt eine zentrale Rolle, vor allem im Salzkammergut und in den Erholungsgebieten entlang des Enns-, Steyr- und Teichltales. Daneben gibt es auch einige Kur- und Wellnessbetriebe, die für die Wirtschaft der Region eine nicht zu unterschätzende Rolle spielen: Bad Ischl, Bad Hall, Bad Wimsbach-Neydharting, Bad Goisern und der Luftkurort Windischgarsten wären hier zu nennen.

Bild auf Seiten 10 und 11: Windischgarsten mit Warscheneck

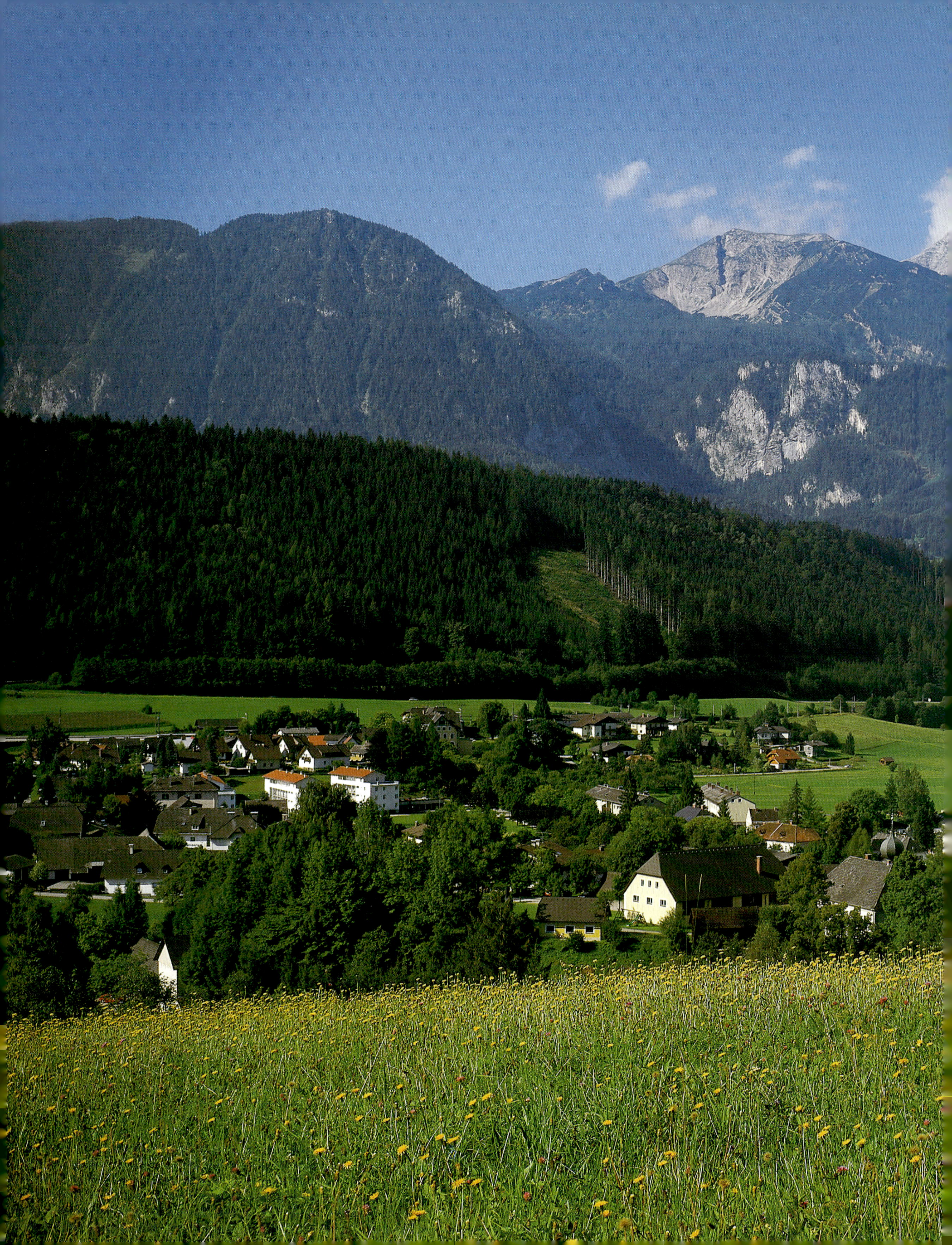

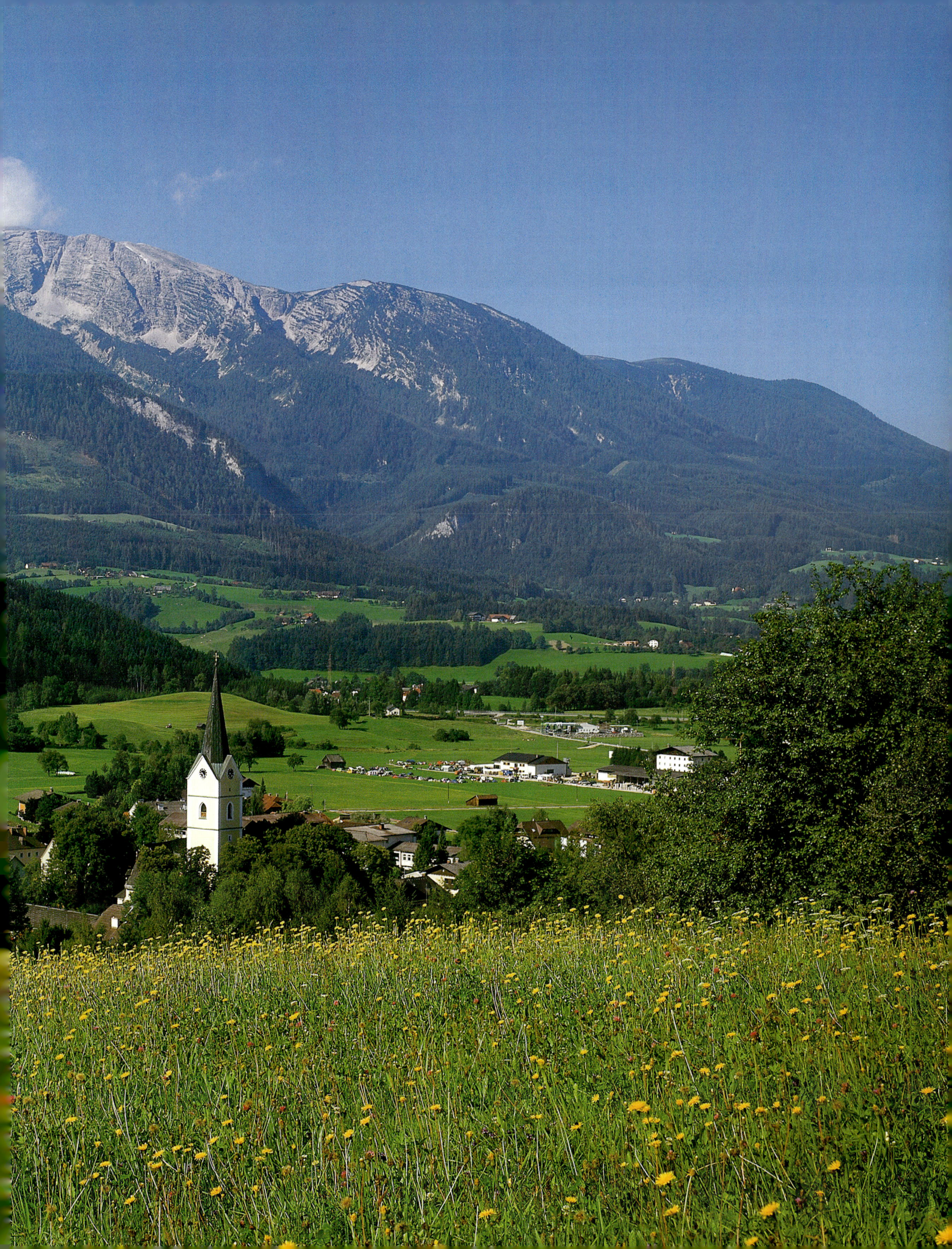

Salz und Sommerfrische – Das Herz des Salzkammergutes

Es gibt wohl kaum jemanden, der sich dem Reiz des Salzkammergutes verschließen kann: den idyllisch gelegenen Seen, die eingebettet zwischen hohen Bergen liegen, und den geschichtsträchtigen Orten, die ihren Charakter bis heute erhalten haben. Hier befindet sich auch das Zentrum der so genannten Hallstattkultur, deren Aufblühen erst durch den Salzbergbau möglich wurde, und so verwundert es nicht, dass über Jahrhunderte hinweg die Salzgewinnung und der Salzhandel die wirtschaftliche Basis dieser Region bildeten. Im 19. Jahrhundert zum Sommerfrischeparadies für Adelige des Wiener Hofes und begüterte Künstler aufgestiegen, ist das Salzkammergut auch heute noch ein beliebtes Ziel für Gäste aus dem In- und Ausland. Machen wir uns auf den Weg durch das Herz des Salzkammergutes, von Gmunden am Traunsee bis zum Gipfel des Hohen Dachsteins.

Grünberg bei Gmunden
Herbstlicher Blick auf den Traunsee

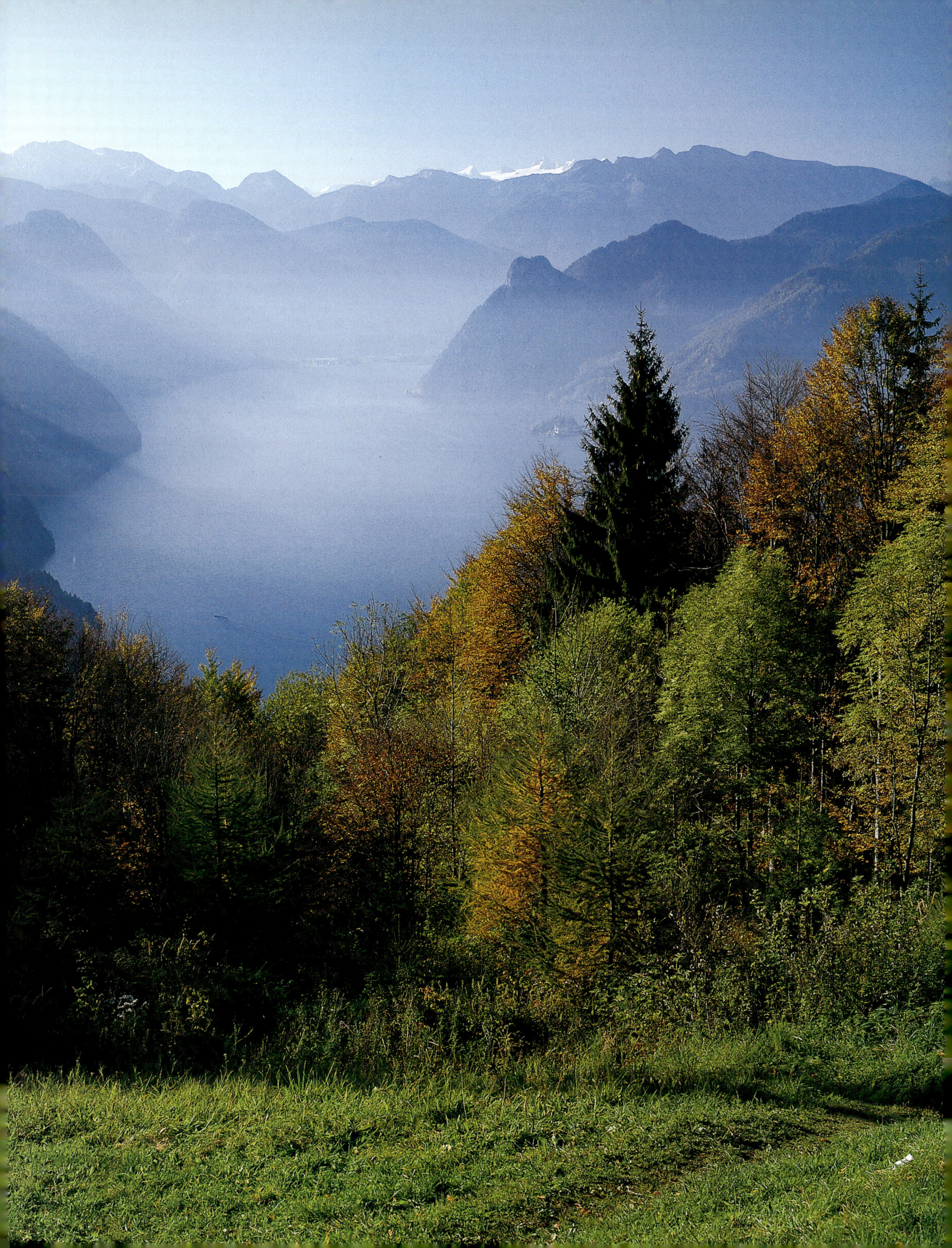

Der Blick von Gmunden auf das Schloss Ort und den dahinter liegenden Traunstein ist nicht zufällig zum Symbol für das gesamte Salzkammergut geworden – Berg, See und Stadt verschmelzen hier zu einer unverwechselbaren Einheit.

Während das Westufer des Traunsees durch eine Straße aufgeschlossen ist, die ins innere Salzkammergut führt, ist der östliche Teil des Sees weitgehend unberührt. Einzig bis zum Fuß des Traunsteins führt eine Straße, von der aus man eine Besteigung in Angriff nehmen kann. Eigentlich ist es ja kaum zu glauben, dass der Traunstein über die steilen Felsen, die sich dem See zuwenden, dem geübten Bergwanderer zugänglich ist, und doch gibt es auf der Westseite zwei Routen hinauf auf dieses Wahrzeichen des Salzkammergutes: Einmal den durch Leitern und Drahtseile gesicherten Herndlersteig, zum anderen die neu gestaltete Route des Naturfreundesteiges, die exponiert und spektakulär auf den Gipfel führt. Weniger trittsichere Bergwanderer wählen jedoch besser den Weg auf der harmloseren Südseite des Berges über die Mairalm und den so genannten Kaisertisch.

Wenn sich im Herbst die Blätter bunt verfärben, lädt der Miesweg zu stimmungsvollen Wanderungen entlang des Sees ein. Knorrige Weiden strecken ihr bizarres Geäst dem Wasser entgegen. Im Sommer kann man hier unterm *Stoa*, wie der Traunstein von den Einheimischen bezeichnet wird, beschaulich baden; weit abseits des Trubels der Strandbäder.

Das Seeschloss Ort ist mit seiner exponierten Lage auf einer Insel im See *das* Wahrzeichen von Gmunden. Bekannt geworden ist es im gesamten deutschsprachigen Raum vor allem durch eine Fernsehserie, wo es als „Schlosshotel Ort" die „Hauptrolle" spielt. Da kann es in der Hochsaison dann schon vorkommen, dass Touristen sich im Schloss nach einem Zimmer erkundigen – ein Wunsch, der sich nicht erfüllen lässt. Das Schloss ist natürlich in Wirklichkeit kein Hotel, sondern beherbergt ein Museum zur örtlichen Geschichte, ein Restaurant und ein Café. Besonders beliebt ist das Schloss auch wegen seiner gotischen Kapelle, deren romantisches Ambiente viele junge Hochzeitspaare als stimmungsvollen Rahmen für ihr Jawort auswählen.

In Gmunden wird auch die weithin bekannte Gmundner Keramik erzeugt; eine Keramik, die vor allem Tradition und bäuerliche Kultur symbolisiert. Als Gegenpol zum Traditionsbetrieb Gmundner Keramik entwickelte sich der gut besuchte Töpfermarkt, der einmal im Jahr Keramikkünstler und Gebrauchskeramiker aus aller Welt auf der Gmundner Esplanade versammelt und davon zeugt, dass Tradition und Aufgeschlossenheit Neuem gegenüber sich harmonisch verbinden lassen.

Einige Kilometer südlich von Gmunden liegt Altmünster mit seiner alten, sehenswerten Pfarrkirche St. Benedikt. Sie besticht durch das sternförmig angeordnete Netzrippengewölbe, durch ein sechseckiges Taufbecken und vor allem durch den aus Sandstein gearbeiteten Allerheiligenaltar, der am Übergang von der Gotik zur Renaissance entstanden ist.

Das Seeschloss Ort
liegt auf einer Insel im Traunsee und ist durch eine Brücke mit dem Land verbunden

Seeschloss Ort
Der Innenhof wird durch Arkaden aus dem 16. Jahrhundert geprägt

DAS HERZ DES SALZKAMMERGUTES

Wir wenden uns nun Traunkirchen zu, wo auf einem markanten Felsen die Johanneskapelle aufragt. Etwas unterhalb liegt die ehemalige Klosterkirche mit der einzigartigen holzgeschnitzten Fischerkanzel aus der Mitte des 18. Jahrhunderts, die die biblische Erzählung vom wundersamen Fischfang des Apostels Petrus darstellt. Ein ganz besonderes Erlebnis bietet eine Bootsfahrt von Traunkirchen aus zum direkt gegenüberliegenden einsamen Ostufer des Traunsees, das durch keine Straße erschlossen ist und von wo sich ein zauberhafter Blick zurück auf den Ort und auf den Traunstein eröffnet.

Macht man bei einer Bootsfahrt einen Abstecher nach Altmünster, so lässt ein charakteristischer Geruch sofort erahnen, dass Fischer ihre Netze erfolgreich im See ausgeworfen haben. Der Duft nach gegrilltem Fisch zieht hungrige Besucher zu den Ständen am Ufer des Traunsees. So genannte *Steckerlfische*, frisch gegrillte Reinanken, werden hier zum Kauf angeboten.

Traunsee
Aussicht vom Traunstein über den Traunsee bis zum Gipfel des Dachsteins

Einer der schönsten Aussichtsberge des Salzkammergutes ist der Kleine Sonnstein, Ziel begeisterter Wanderer. Vorbei an Spinnennetzen, die durch die morgendlichen Tautropfen aufglänzen, geht es südlich von Traunkirchen erst einmal einen romantischen Bachlauf entlang. Die kräftigen Farben der Feuersalamander wetteifern im Herbst mit dem bunt verfärbten Hochwald, durch den es nun steil zum Gipfel aufwärts geht. Zur Belohnung bietet sich dem Wanderer ein Blick hinunter auf den Traunsee, auf Ebensee mit den markanten Solvaywerken, auf den gegenüberliegenden Erlakogel und den Traunstein. Hinter Gmunden öffnet sich das Alpenvorland und in der Ferne lässt sich über einer Dunstschicht am Horizont der Böhmerwald ausmachen.

Ebensee ist ein eigenwilliger Ort geblieben; eigenwillig und selbstbewusst, was die Pflege des Brauchtums anbelangt. Ehrlich und mit dem Herzen sind die Ebenseer dabei. Sei es der Glöcklerlauf am Vorabend des Dreikönigstages oder der Ebenseer Fetzenfasching; die Feste werden hier nicht für die Touristen, sondern wie eh und je für die Einheimischen gefeiert. Wer den Fetzenfasching schon einmal miterlebt hat, der weiß, wie die Menschen hier den Gefühlen freien Lauf lassen – und gefeiert wird ohne Pause vom Faschingssonntag bis Faschingsdienstag. Am Aschermittwoch sind die Straßen in Ebensee auffällig einsam. Zur Weihnachtszeit stellen die Ebenseer großartige Krippen auf; aus verschiedenen Moosen werden Landschaften gestaltet, kunstvoll geschnitzte Krippenfiguren liefern ein Zeugnis für lebendiges Brauchtum in dieser Region.

Ein Brauch, der sich im oberösterreichischen Salzkammergut und besonders in Ebensee seit rund 400 Jahren bis in die heutige Zeit erhalten hat, ist der Vogelfang. Nur mehr hier dürfen bestimmte Singvogelarten gefangen werden. Die Einheimischen reden nicht gerne über diesen traditionellen Brauch, wird er doch immer wieder von Naturschutzorganisationen angeprangert. Die gefangenen Singvögel werden in Vogelkäfigen gehalten und von den passionierten Vogelfängern gehegt und gepflegt. Schließlich sollen sie ja bei der Vogelprämierung gute Platzierungen erzielen.

Hinterer Langbathsee
Herbststimmung am Hinteren Langbathsee mit Brunnkogel

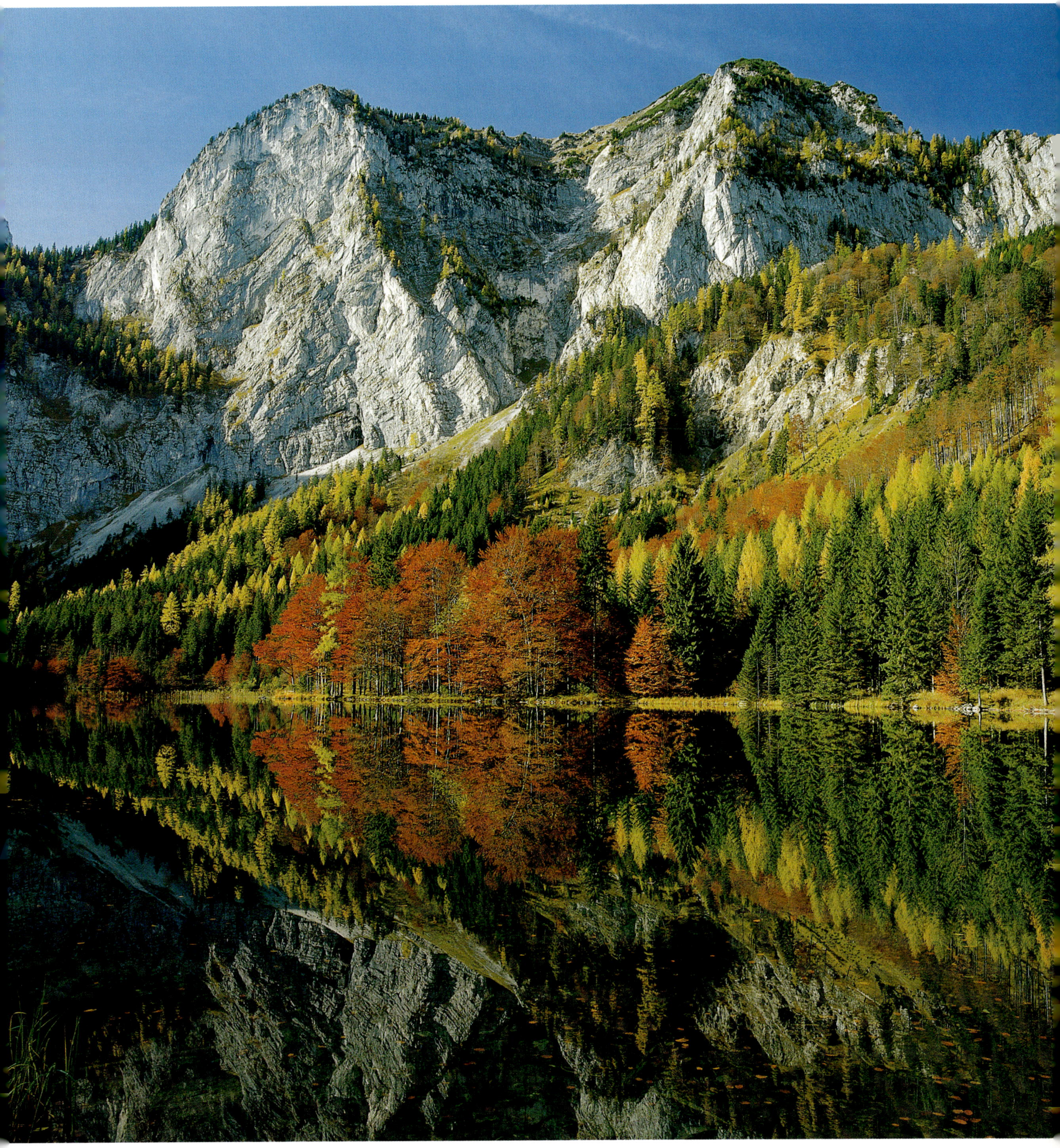

Nussensee bei Bad Ischl
Herbststimmung

Die meisten Vögel werden nach der Preisverleihung wieder freigelassen. Besonders schöne Exemplare überwintern bei den Vogelfängern, manche der Freigelassenen kehren sogar freiwillig zurück, um den Winter unbeschadet in einem gemütlichen Quartier zu überdauern.
Von Ebensee aus gelangt man am Fuß des Feuerkogels durch ein sich verengendes Tal zu den beiden Langbathseen. Im Herbst werden diese Seen in zarte Pastellfarben getaucht, die mehr an verträumte Malerei als an ein reales Bild erinnern.
Die Salzkammergut-Bundesstraße führt uns weiter nach Bad Ischl, in die so genannte Kaiserstadt. Die Sissi-Filme mit Romy Schneider und Karl Heinz Böhm haben das Ihre dazu getan, den Mythos des österreichischen Kaisers Franz Joseph und seiner Frau Elisabeth und deren Beziehung zu Bad Ischl am Leben zu erhalten. Immerhin weilte der Kaiser zwischen 1854 und 1914 regelmäßig im Sommer hier. Und so ist es nicht verwunderlich, dass Franz Joseph in Bad Ischl allgegenwärtig ist.
Der wichtigste touristische Anziehungspunkt ist dabei natürlich die im Stil des Biedermeier erbaute Kaiservilla, die Franz Joseph und Elisabeth anlässlich ihrer Hochzeit 1854 als Geschenk erhielten. Hier findet man allenthalben Zeugnisse von der Jagdleidenschaft des Kaisers, unzählige Jagdtrophäen säumen das Stiegenhaus und füllen zahlreiche Räume. Die Kaiservilla liegt eingebettet in einem gepflegten Park, der zu einem schattigen Spaziergang unter alten Baumriesen einlädt. Auf einer Anhöhe liegt das neugotische Marmorschlössl, das ehemalige Teehaus der Kaiserin – heute als Fotomuseum genutzt. Kaiserlich luxuriös ist auch hier die Ausstattung der Räume mit Einlegearbeiten im Holzfußboden sowie den kunstvoll geschnitzten Holzdecken und Türen.
Bad Ischl ist ein traditioneller Kurort mit einem Sole-Thermalbad. Früher fast ausschließlich dem Adel und wohlhabenden Bürgertum vorbehalten, ist Bad Ischl heute zu einem Kurort für jedermann geworden. Übrigens, zum *Jedermann* nach Salzburg ist es auch nicht gerade weit. Und fast jeder, der einmal nach Ischl kommt, kehrt beim Zauner ein, der Nobelkonditorei der Stadt, die einzigartige Mehlspeisen in romantischem Kaffeehausambiente anbietet.
Jährlich finden im Sommer die Bad Ischler Operettenfestspiele statt. Die Operette hat hier lange Tradition; immerhin hat kein Geringerer als Franz Léhar (1870–1948), der geniale Operettenkomponist, viele Jahre hier gelebt und gewirkt.
Was Bad Ischl noch auszeichnet, ist seine reizvolle Umgebung: Erholungssuchende Kurgäste finden bequeme Spazierwege in der Ebene und lohnende Berggipfel locken Wanderer in diese Gegend. Zahlreiche leicht zu erreichende Almen und die zentrale Lage im inneren Salzkammergut zeichnen Bad Ischl als idealen Urlaubsort aus.
Nur wenige Kilometer Richtung Westen erreichen wir den alten Wallfahrtsort St. Wolfgang am Wolfgangsee, der mit seiner Pfarrkirche eine der Hauptsehenswürdigkeiten Oberösterreichs besitzt. Vor allem die überragende Ausstattung macht diese Kirche zu einem kunstgeschichtlichen Juwel ersten Ranges. Der Besucher findet hier zum einen den berühmten, 1481 vollendeten Flügelaltar von Michael

Bad Ischl
Die Kaiservilla war der Sommersitz von Kaiser Franz Joseph

DAS TRAUNVIERTEL

DAS HERZ DES SALZKAMMERGUTES

Pfarrkirche St. Wolfgang
Mittelschrein des gotischen Flügelaltars von Michael Pacher

Pacher (geb. um 1435, gest. 1498) – eines der Hauptwerke gotischer Schnitzkunst schlechthin –, zum anderen befindet sich in der Kirche auch das Hauptwerk des Bildhauers Thomas Schwanthaler (1634–1707) – der so genannte Doppelaltar, ein hochbarockes Werk aus den Jahren 1675–76.

Heute sind es aber nicht in erster Linie die Wallfahrer, die in den Sommermonaten den Ort bevölkern. Vielmehr locken die zauberhafte Lage am See, die verwinkelten Gässchen und auch die Promenade am Seeufer viele Touristen an. Überall ist die Operettenseligkeit des *Weißen Rössel am Wolfgangsee* (Operette von Ralph Benatzky) zu spüren, und auch eine Fahrt mit der Zahnradbahn auf den 1.782 Meter hohen Schafberg weckt nostalgische Gefühle. Der Gipfel liegt zwar bereits auf Salzburger Boden, aber immerhin: Hinauf auf den Berg geht es noch von Oberösterreich aus. Südlich von Bad Ischl, dem Flusslauf der Traun folgend, gelangen wir zum Ort Lauffen, wo in der kleinen spätgotischen Kirche eine „Schöne Madonna" aus der Zeit um 1400 zu bewundern ist. In früheren Zeiten war Lauffen vor allem bei Flößern gefürchtet, die beim Transport des Holzes für die Salinen die hier gelegenen Stromschnellen nur unter großen Gefahren passieren konnten.

Noch ein paar Kilometer weiter und wir erreichen den Kurort Bad Goisern. Einst war Bad Goisern berühmt für die genagelten Bergschuhe, die so genannten *Goiserer*. Jetzt hat Hubert von Goisern den Namen des Ortes in anderer Hinsicht bekannt gemacht. Mit seiner Musik, einer Mischung aus Volksmusik und modernen Rhythmen, feiert er weltweite Erfolge. Musik ist im Salzkammergut noch immer lebendige Tradition, denn auch andere Musiker und Musikgruppen sind der traditionellen - Volksmusik fernab der kommerziellen volkstümlichen Musik verbunden. Das Resultat ist echte, gelebte Volksmusik, mit Bezug zur heutigen Zeit und mit viel Engagement betrieben – und mit einer Beharrlichkeit, die typisch für diese Gegend ist.

Weiter traunaufwärts, bei der so genannten Jausenstation am Ostufer des Hallstättersees, wird seit einigen Jahren jeweils am 30. April ein Maibaum aufgestellt. Auf den ersten Blick nichts Ungewöhnliches, denn Maibäume gibt es in Oberösterreich viele. Und doch. Hier wird dieser Brauch zum Erlebnis. Es haben sich einige Stammgäste der Jausenstation zusammengetan und lassen das Maibaumaufstellen zum Fest werden. Zu einem sehr bodenständigen Fest, denn Touristen verirren sich nur ganz wenige hierher. Nachdem der Maibaum mit einem Boot über den Hallstättersee gezogen worden ist, wird er von den Frauen geschmückt, bevor er von den Männern mit Hilfe von Stangen mit reiner Muskelkraft aufgestellt wird. Und das in aller Ruhe. Ganz gemütlich, ohne Hektik. Denn die Ruhe ist sicherlich eine hervorstechende Tugend der Menschen im Salzkammergut. Das will aber nicht heißen, dass hier deshalb alles länger dauert, vielleicht trifft sogar das Gegenteil zu. Ruhe bedeutet für die Menschen des Salzkammerguts Kräfte sammeln, sich konzentriert einer Aufgabe widmen. So steht nach dem Maibaumaufstellen denn auch die Gemütlichkeit im Vordergrund. Natürlich darf da weder Musik noch das vom Fass gezapfte Bier fehlen.

St. Wolfgang
im Frühling

DAS HERZ DES SALZKAMMERGUTES

Hallstatt
Im historischen Salzbergwerk kann man heute noch Spuren der Hallstattzeit sehen

Die Region Hallstatt-Dachstein ist in die Liste des Weltkultur- und Naturerbes der UNESCO aufgenommen worden, und das zu Recht. Denn Hallstatt ist seit Jahrtausenden eng mit dem Salzbergbau verbunden und war der Ausgangspunkt der so genannten Hallstattzeit, einer prähistorischen Kulturepoche. Hallstatt gehört zweifellos zu den sehenswertesten Orten Österreichs, schon allein die Lage am Hallstättersee ist atemberaubend: Die Häuser sind wie Schwalbennester auf dem schmalen Uferstreifen zwischen dem See und den aufragenden Bergen übereinander geschichtet, manche sogar bis ans Wasser gebaut. Daneben beeindruckt Hallstatt auch mit der um 1505 vollendeten katholischen Pfarrkirche, die im Inneren einen der bedeutendsten spätgotischen Flügelaltäre Österreichs birgt. Bedingt durch die Lage am Fuß des Berges ist der Friedhof des Ortes bald nach seiner Anlage bereits wieder zu klein geworden, um alle Toten bestatten zu können. Deshalb wurden die Gebeine der Bestatteten nach einigen Jahren wieder exhumiert und in das Beinhaus, den Karner, gebracht, um die Gräber für die nächsten Verstorbenen frei zu machen – der Karner ist heute eines der Wahrzeichen von Hallstatt. Ausdruck gelebten Glaubens, gelebten Brauchtums ist die Hallstätter Seeprozession am Fronleichnamstag, die zahlreiche Touristen aus dem In- und Ausland anzieht. Wo sonst kann man schon eine Prozession auf Booten, begleitet von den so genannten *Plätten*, das sind die an diesem Tag reich geschmückten Boote der Einheimischen, miterleben. Und wer das Glück hat, diese Prozession an einem Schönwettertag genießen zu können, der wird diese Eindrücke nicht mehr vergessen.

Ein Besuch des berühmten Salzbergwerkes von Hallstatt mit seinen Attraktionen, wie einer der längsten Bergmannsrutschen der Welt, einem beleuchteten Salzsee oder der Klangstiege, hinterlässt einen tiefen Eindruck – nicht zuletzt auch deshalb, weil man sich hier auf historischem Boden, an der Wiege der Hallstattzeit befindet. Andererseits macht ein Besuch im Salzbergwerk aber einfach auch Spaß, sei es das Rutschen im Bergwerk oder die Fahrt mit dem Grubenhunt.

Ein Erlebnis anderer Art bietet die Dachstein-Rieseneishöhle, eine Höhle, deren Inneres voller bizarrer Eisformationen ist. Im Frühling sind diese Eisgebilde besonders beeindruckend. Besucht man diese Höhle, so ist das wie ein Spaziergang durch eine Traumwelt, wie durch ein Märchen, das zum Leben erweckt wird. Mit den gefühlvollen Lichtanimationen erscheinen die von der Decke hängenden Eiszapfen wie Kunstwerke einer anderen Welt. Neben der Mammuthöhle lohnt auch die Koppenbrüllerhöhle einen Besuch. Schon der Höhleneingang, aus dem ein Bach heraussprudelt, verrät, dass diese Höhle in Wahrheit der Ursprung einer großen Quelle ist.

Nicht weit von Hallstatt befindet sich mit der Gosau-Zwieselalm das weitläufigste Schigebiet Oberösterreichs, das bis ins Salzburgische, bis nach Russbach und Annaberg hineinreicht. Über Gosau gelangt man auch zum Vorderen Gosausee, dem Ausgangspunkt für Wanderungen Richtung Gosaukamm, zum Hinteren Gosausee oder aber hinauf auf den höchsten Berg Oberösterreichs, den Hohen Dachstein, der immerhin rund 3000 Meter hoch ist. Schon alleine eine Wanderung bis zum Hinteren Gosausee ist unvergleichlich. Da kann es Anfang Mai noch passieren, dass man durch tiefen Schnee stapfen muss, um den zugefrorenen See zu erreichen. Der Vordere Gosausee hält für den Besucher ebenfalls ein prächtiges Panorama bereit: So spiegelt sich vor allem in den späten Nachmittagsstunden das Dachsteinmassiv im See – ein Motiv, das schon viele Künstler inspiriert hat.

Dachsteingebiet
Vorderer Gosausee und Dachstein im Winter

DAS HERZ DES SALZKAMMERGUTES

Gmunden
Villa Toscana, dient heute als Kongresszentrum

Stadtbild von Gmunden
am Traunsee mit dem alten Raddampfer Gisela

DAS HERZ DES SALZKAMMERGUTES

Gmunden. Winterstimmung am Traunsee

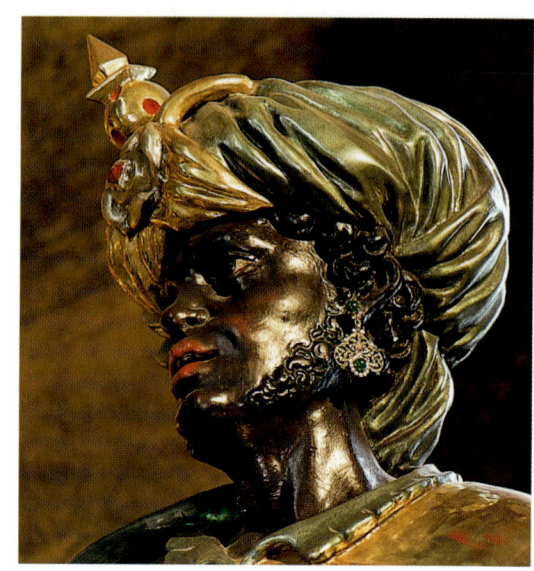

Pfarrkirche Gmunden. Lebensgroße Figur des Dreikönigsaltares von Thomas Schwanthaler

Gmunden. Kite-Surfen am Traunsee

Gmunden. Schwan im Traunsee

Gmunden. Das Rathaus besitzt ein Keramikglockenspiel

Pfarrkirche Altmünster
Weihnachtskrippe von Thomas Schwanthaler

Traunkirchen
Romantisch liegt die Johanneskapelle
auf einem Felsen über dem See

Pfarrkirche Altmünster
Der steinerne Allerheiligenaltar zeigt
eine spätgotische Reliefgruppe
in einem Renaissancerahmen

DAS HERZ DES SALZKAMMERGUTES

Traunkirchen
Raddampfer Gisela mit Traunstein

Altmünster. Steckerlfische

Traunkirchen. Blick über den Traunsee auf den Traunstein

Offensee. Der 649 Meter hoch gelegene See bezaubert im Herbst mit farbenprächtigen Stimmungen

Ebensee. Morgennebel über dem Bootshafen am Traunsee

Alberfeldkogel
Vom Feuerkogel ist der Gipfel des 1708 Meter hohen Alberfeldkogels leicht erreichbar

Vorderer Langbathsee
mit Brunnkogel

DAS HERZ DES SALZKAMMERGUTES

Ebensee
Fetzenfasching

Hinterer Langbathsee
im Herbst

36 DAS TRAUNVIERTEL

DAS HERZ DES SALZKAMMERGUTES

Bad Ischl
Das Marmorschlössl, heute Fotomuseum, liegt im Park der Kaiservilla

Bad Ischl
Das Kongress- und Theaterhaus ist das Veranstaltungszentrum der Stadt

Bad Ischl
Die Figur des lauschenden Jägers steht vor der Kaiservilla

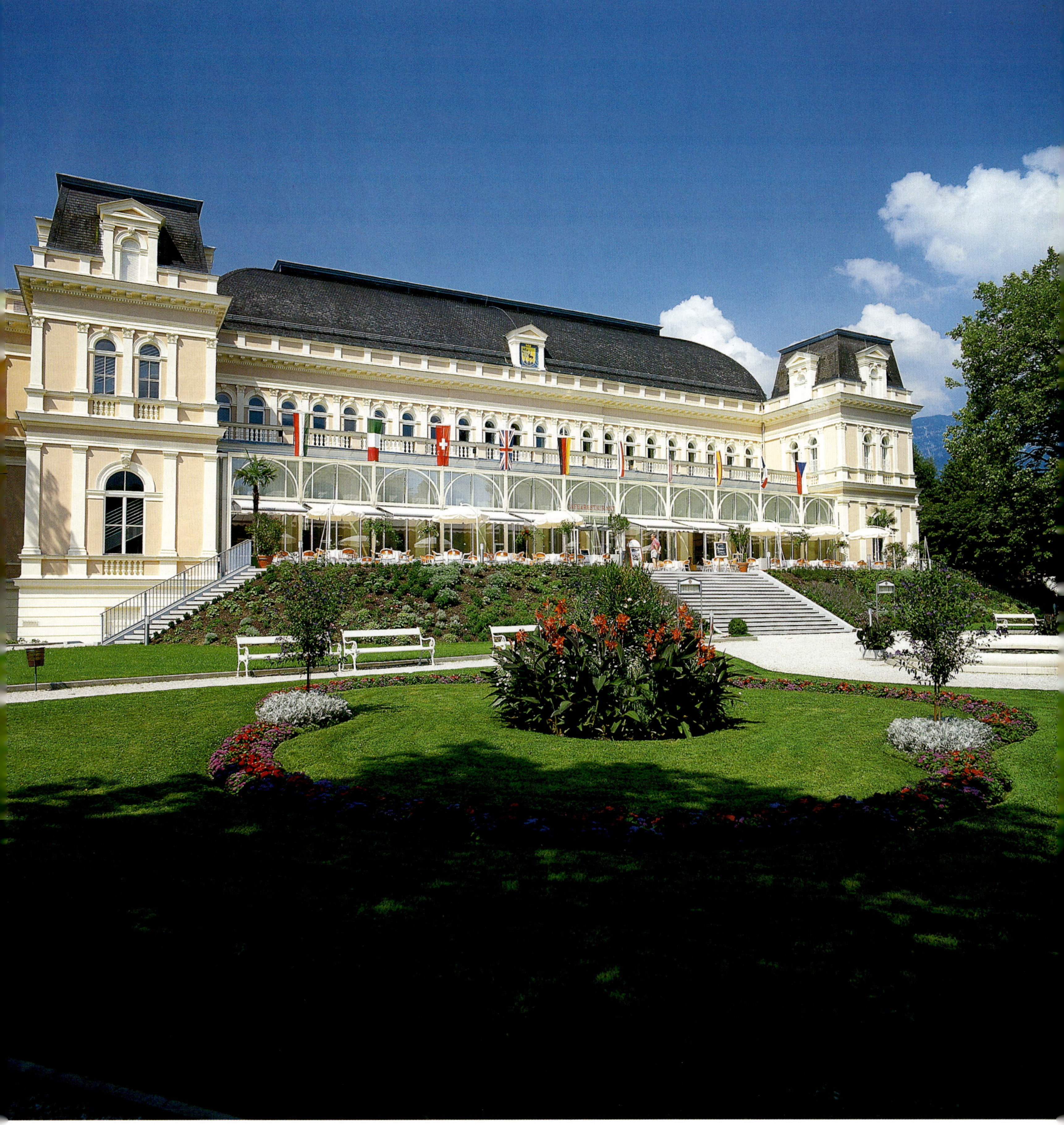

Bad Goisern. Das Freilichtmuseum Anzenaumühle

St. Wolfgang. Durch die Operette von Ralph Benatzky wurde das Weiße Rössl zu einer besonderen Attraktion

Bad Goisern
Die Chorinsky Klause diente einst zum Transport des geschlagenen Holzes in das Tal

St. Wolfgang. Die Zahnradbahn auf den Schafberg

Schafberg. Der Schafberggipfel liegt bereits in Salzburg

Hallstatt
Dächerlandschaft

Hallstatt. Gemütliches Zusammensein auf dem Marktplatz

Hallstatt. Blick vom Salzberg

Hallstatt
Einer der bedeutendsten spätgotischen
Flügelaltäre Oberösterreichs befindet sich in der
katholischen Kirche

Hallstatt
Das Beinhaus von Hallstatt steht neben der
Pfarrkirche

Hallstatt
Salzbergwerk – Salzsee

Bild auf Seiten 48 und 49: **Hallstatt**
Wie eine Märchenwelt erscheint
die Dachstein-Rieseneishöhle mit ihren
bizarren Eisgebilden

DAS HERZ DES SALZKAMMERGUTES

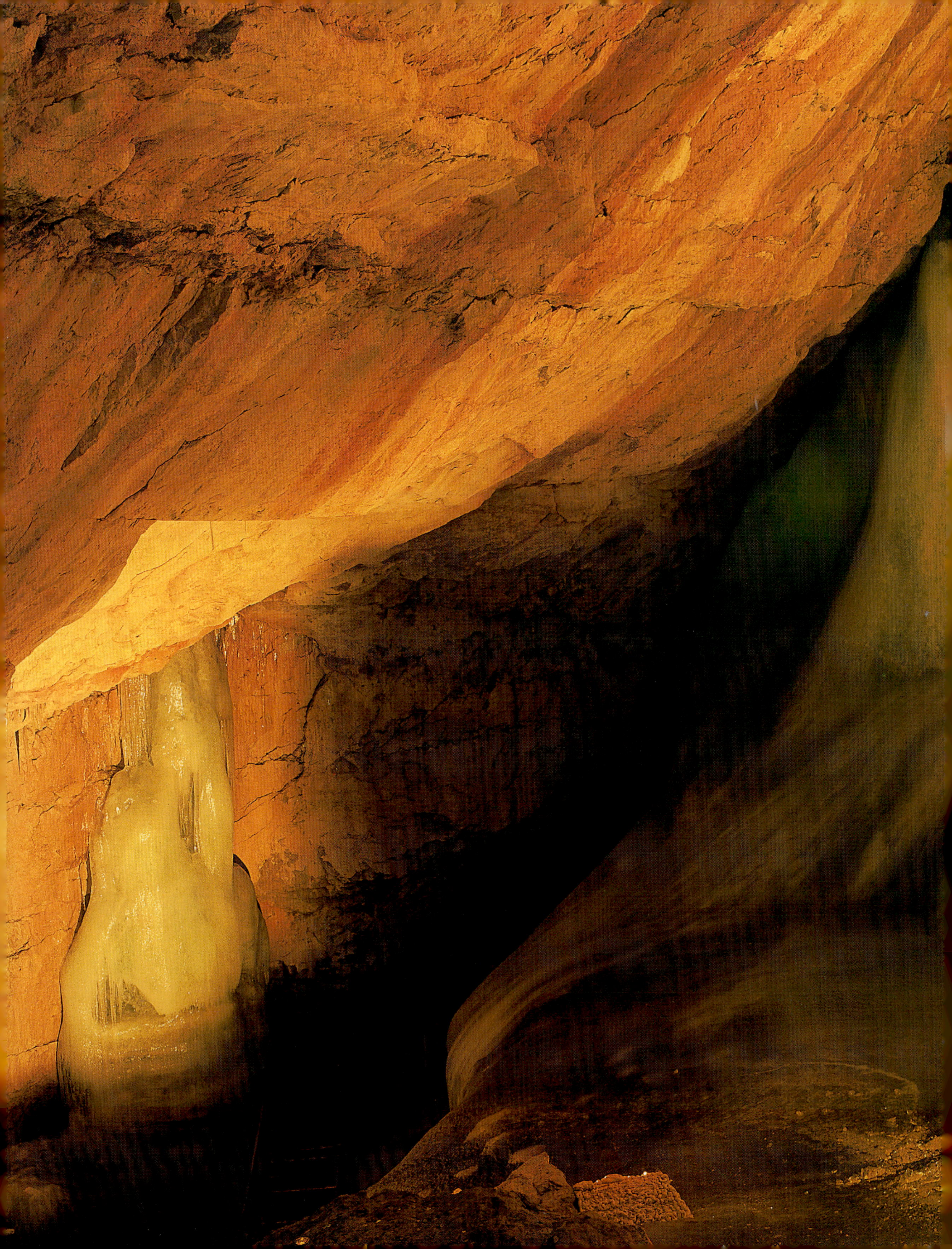

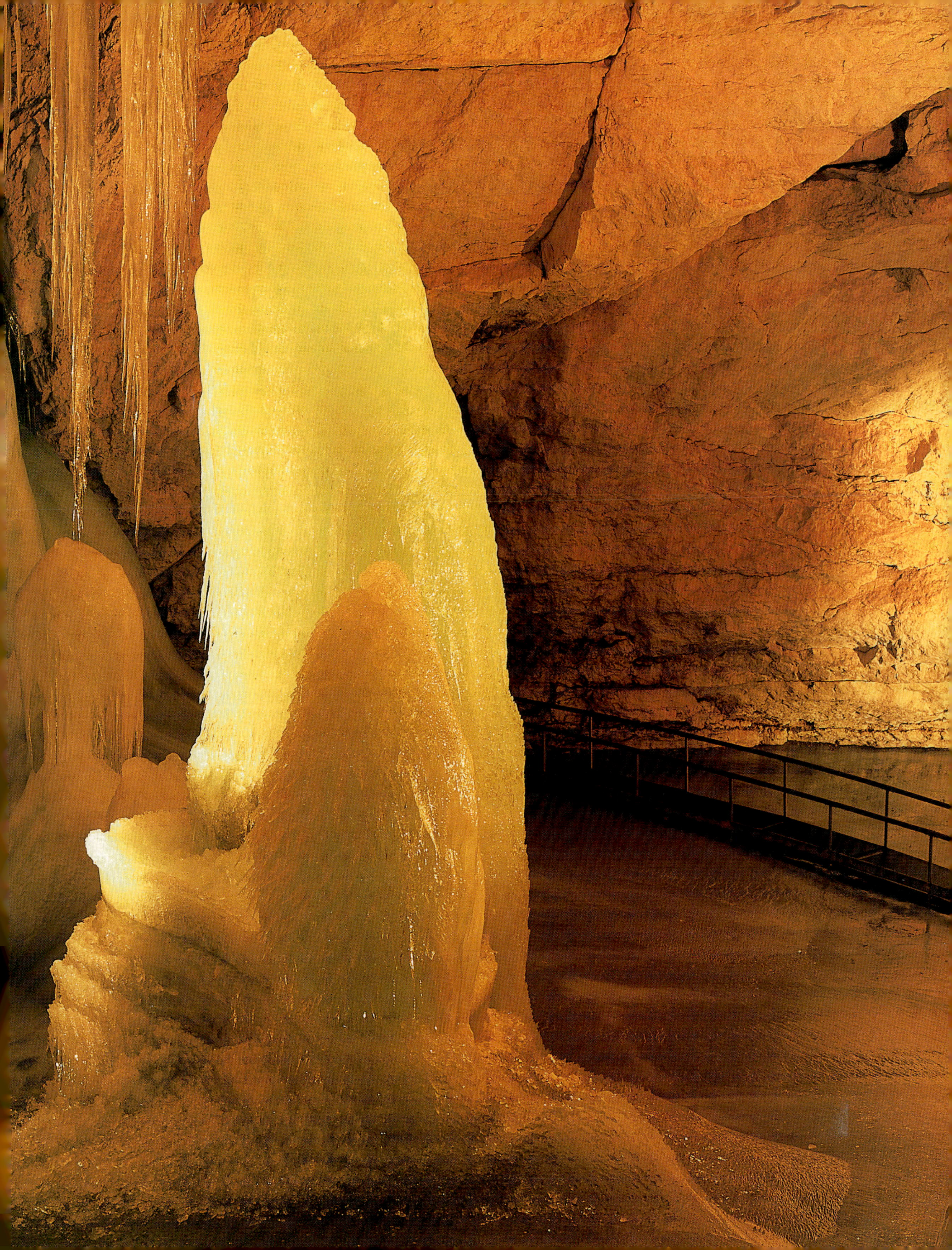

Hallstätter See
Fronleichnamsprozession

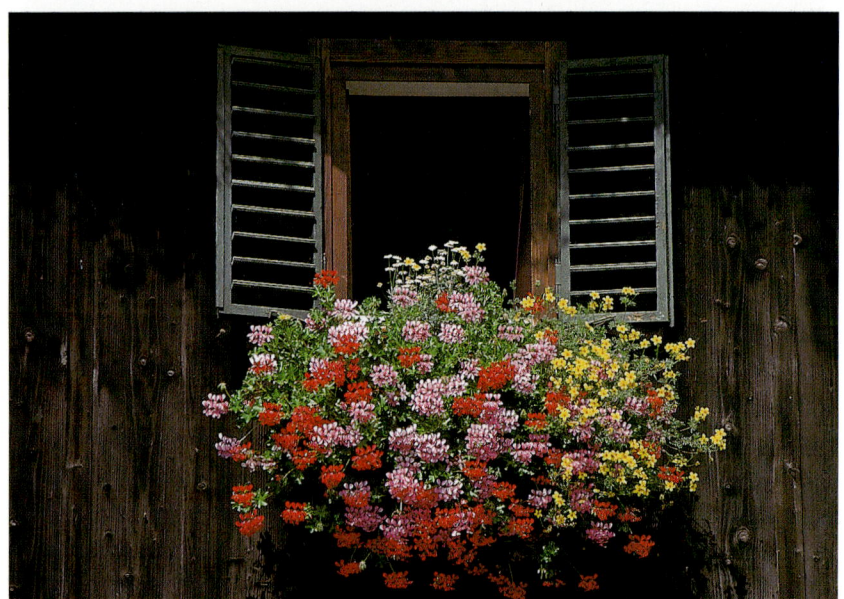

Hallstatt
Blumenfenster

Hallstätter See
Maibaumaufstellen

Hallstätter See
Fronleichnamsprozession

DAS HERZ DES SALZKAMMERGUTES

Hallstatt
Wasserfall Wildbachstrub

Koppenbrüllerhöhle
Aus ihrem Eingang rauscht ein Bach

DAS HERZ DES SALZKAMMERGUTES

Vorderer Gosausee. Stimmungsvolle Seeklausalm

Gosausee. Lacke zwischen Vorderem und Hinterem Gosausee

DAS HERZ DES SALZKAMMERGUTES

Dachstein
Gablonzer Hütte im Schigebiet Dachstein West

Dachstein. Eiszapfen

Gosau. Blick auf den Gosaukamm

Klöster und Vierkanter – Das Alpenvorland

Die wohl bedeutendsten Klöster Oberösterreichs befinden sich im Traunviertel: St Florian, Kremsmünster und Schlierbach. Schon die Pracht und die Größe dieser Klosteranlagen zeugen von ihrem Reichtum und verweisen auf ihre jahrhundertelange zentrale Bedeutung für Wissenschaft und Kultur in dieser Region.

Das weltliche Gegenstück zu diesen Klöstern bilden die so genannten Vierkanter. Mit seinen fruchtbaren, ebenen Böden entwickelte sich das Alpenvorland zur Kornkammer Oberösterreichs und ermöglichte so den sozialen Aufstieg eines Bauernstandes, dessen Wohlstand und Selbstbewusstsein sich in diesen imposanten Bauernhöfen zeigte.

Stift St. Florian
Westfront mit Hauptportal,
Bläserturm und Stiftskirche

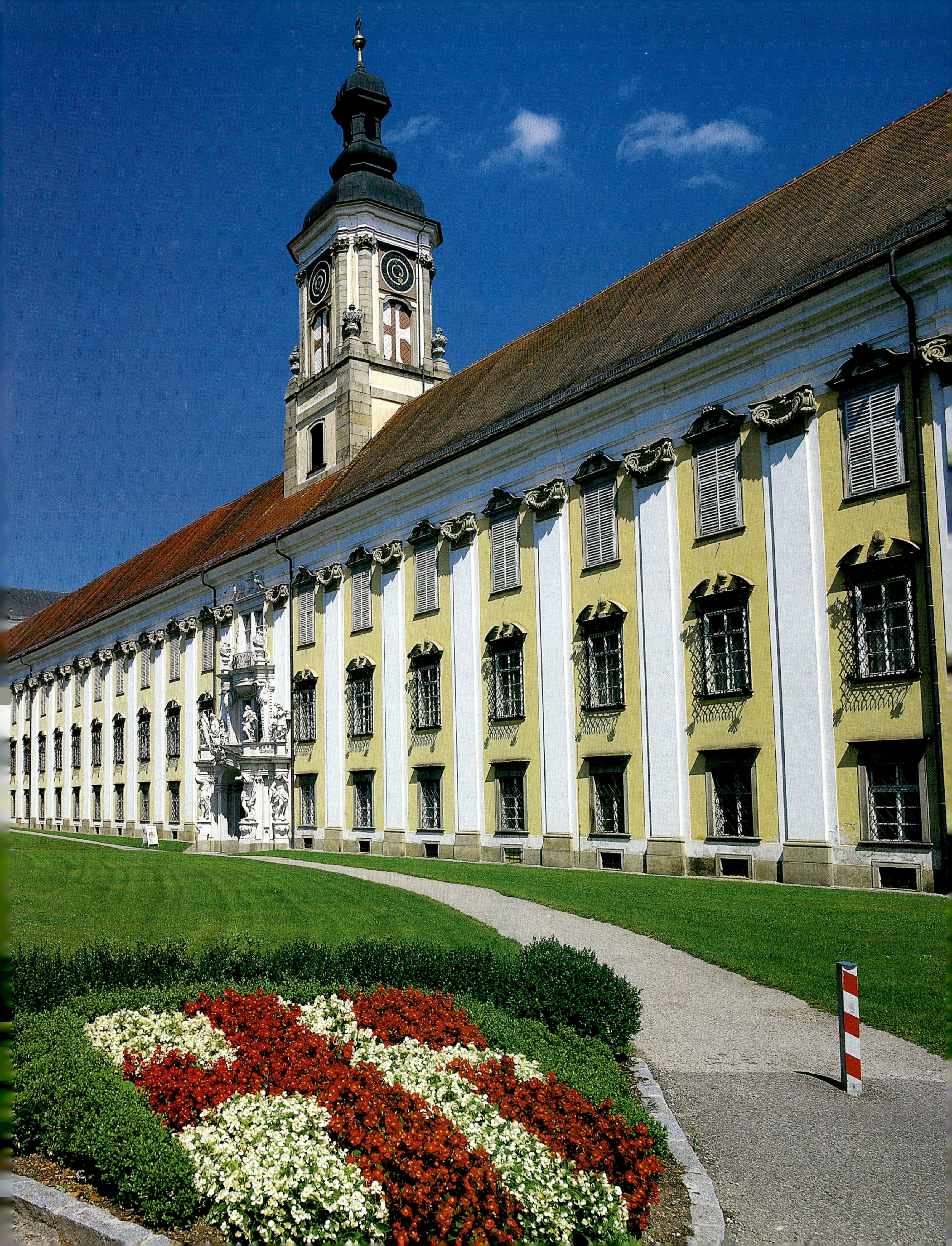

Dort, wo das Traunviertel ins Alpenvorland reicht, ist der ländliche Raum vor allem von Vierkanthöfen geprägt, die vom Wohlstand der Bauern dieser Gegend zeugen. Fruchtbare, ebene Äcker ließen diese Region zur Kornkammer Oberösterreichs werden und schufen so die Grundlage für den Reichtum seiner ländlichen Bewohner.
Die imposantesten dieser Vierkanthöfe, deren Seiten bis zu 80 Meter messen, liegen im Gebiet um St. Florian.
Bei Vierkanthöfen sind alle Funktionen des Bauernhofes wie Wohnung, Stall, Scheune und Schuppen in einem Gebäude untergebracht, wobei dieses Gebäude einen quadratischen Innenhof umschließt. Konstruktive Elemente der Außenfassaden werden beim Schichtmauerwerk als Schmuckelemente ausgeformt: Rote Ziegelschichten wechseln mit weiß gekalkten Putzstreifen oder fischgrätartig verlegten Steinschichten ab.

Stiftskirche St. Florian
Anton Bruckner machte die große Orgel der Stiftskirche berühmt

Bis in die erste Hälfte des 20. Jahrhunderts hinein waren diese Höfe wichtige Arbeitgeber, während heute oft Teile von ihnen leer stehen und man auch kaum mehr Knechte oder Mägde findet – der Einsatz von landwirtschaftlichen Maschinen hat die menschliche Arbeitskraft nahezu überflüssig gemacht. Wer sich ein authentisches Bild vom bäuerlichen Leben im 19. und beginnenden 20. Jahrhundert im Alpenvorland machen will, der sollte das Freilichtmuseum Samesleiten, zwischen St. Florian und Enns gelegen, besuchen. Dort wurde mit dem „Sumerauerhof" einer der schönsten Vierkanthöfe der Gegend wieder instand gesetzt, der nun die Möglichkeit bietet, anhand eines Rundganges durch die mit originalen Maschinen, Bauernmöbeln und Einrichtungsgegenständen ausgestatteten Gebäude Einblick in eine untergegangene Arbeits- und Lebenswelt zu nehmen.
So wie sich in den Vierkanthöfen über Jahrhunderte die wirtschaftliche Bedeutung der Bauern manifestierte, zeugen die architektonisch und kunstgeschichtlich außergewöhnlichen Klöster und Stifte von der Macht und dem Einfluss der katholischen Kirche in dieser Region.
Das Augustiner-Chorherrenstift St. Florian, etwa 10 Kilometer südöstlich von Linz gelegen, gehört nicht zufällig zu den meistbesuchten Klöstern Österreichs. Von weitem sichtbar erhebt sich das Barockstift auf einer Anhöhe über dem Markt St. Florian.
Die imposante Hauptfront der Westfassade misst bis zur Stiftskirche über 200 Meter. Durch ein mit Atlanten prachtvoll geschmücktes Portal gelangt man in den Innenhof des Stiftes, in dessen Zentrum der *Adler-Brunnen* steht. Das offene Stiegenhaus an der Westseite des Hofes ist eine Meisterleistung barocker Architektur. Südländisch beschwingt führt das filigran verzierte, doppelläufige Treppenhaus hinauf in die oberen Etagen.

Stift St. Florian
Das Hauptportal reicht über drei Geschoße und zeigt reichen plastischen Schmuck

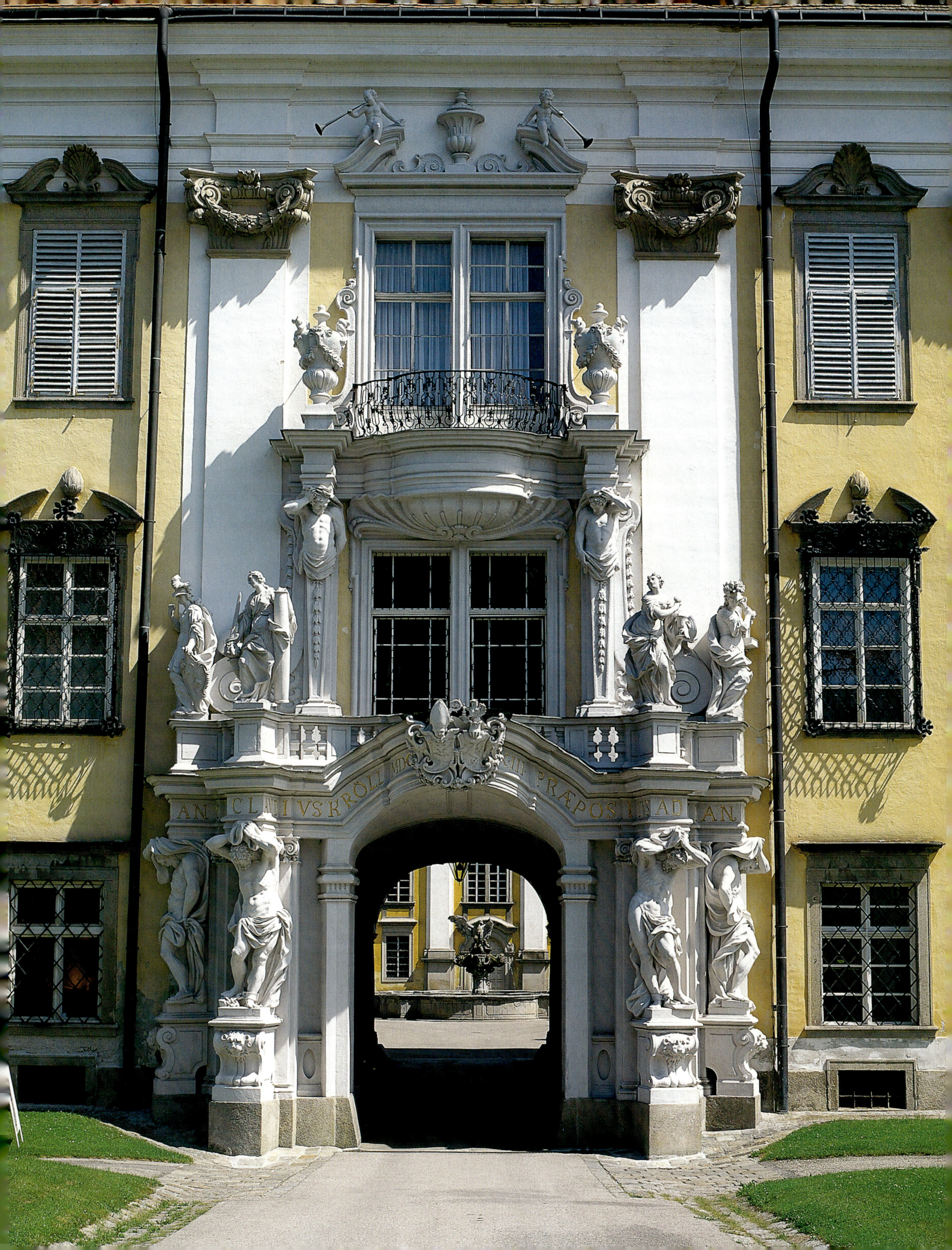

Der große Barockbaumeister Carlo Antonio Carlone (geb. um 1635, gest. 1708) hat die Stiftskirche erbaut und mit dem Bau des Klosters begonnen. Jakob Prandtauer (1660 bis 1726) war es, der das *Gesamtkunstwerk Stift St. Florian* vollendet und mit seiner Handschrift versehen hat; die wunderschöne Bibliothek wurde von Baumeister Johann Gotthard Hayberger (1699–1764) erst Mitte des 18. Jahrhunderts fertiggestellt.

Das Augustiner-Chorherrenstift war schon im Mittelalter ein wirtschaftliches wie auch ein geistiges Zentrum – ein erstes Kloster wurde an dieser Stelle übrigens schon um 800 nach Christus gegründet. So war die Schreib- und Malschule über die Grenzen hinaus bekannt. Die Buchmalerei erlebte in St. Florian ihre Hochblüte von ca. 1270 bis 1330. Das belegen gut erhaltene Handschriften in der Stiftsbibliothek. Außergewöhnlich sind auch die Tafelbilder des Sebastianaltares, die der Maler Albrecht Altdorfer (geb. um 1480, gest. 1538) 1518 für das Stift geschaffen hat – sie sind heute noch in den Stiftssammlungen zu bewundern.

Das Stift ist auch heute noch ein Zentrum der Kultur. Im wegen seiner Akustik gerühmten Marmorsaal finden den Sommer über Konzerte renommierter Musiker statt. Aber das Stift hat musikalisch noch einiges mehr zu bieten. Immerhin werden hier die weit über die Grenzen Österreichs hinaus bekannten Florianer Sängerknaben ausgebildet. Vor allem aber ist St. Florian untrennbar mit dem Leben und Schaffen Anton Bruckners (1824–1896) verbunden, dem genialen Komponisten der Romantik. Als Stiftsorganist spielte er auf der großen Orgel der Stiftskirche, einem Instrument, das schon zu Bruckners Lebzeiten für seine Größe und den hervorragenden Klang berühmt war und das man heute fast nur mehr unter dem Namen *Brucknerorgel* kennt. In der Gruft direkt unter der Orgel wurde der Komponist 1896 in einem schlichten Sarkophag beigesetzt.

Die Benediktinerabtei Kremsmünster gehört zu den ältesten, größten und bedeutendsten Klöstern Österreichs. Die Gründung des Stiftes durch Herzog Tassilo III. von Bayern (geb. um 742, gest. 794) geht auf das Jahr 777 zurück. Der Legende nach wurde an der Stelle, wo sich heute das Stift befindet, Gunther, der Sohn Tassilos, bei der Jagd durch einen wilden Eber getötet. Während Tassilo III. an der Leiche seines Sohnes trauerte, erschien ihm ein schneeweißer Hirsch, zwischen dessen Geweih rotglühende Flammen in Kreuzesform leuchteten, näherte sich ihm und verschwand wieder im Dunkel der Nacht. Herzog Tassilo verstand diese Erscheinung als Zeichen des Himmels und ließ zum Gedenken an seinen Sohn an der Stätte des Todes eine Kapelle erbauen, die den Grundstein für das Stift Kremsmünster bildete. Heute finden wir gleich rechts nach dem Eingang in die Stiftskirche das Grab Gunthers. Es stammt aus dem 13. Jahrhundert; Gunther wird wie in der Gründungssage mit einem Eber dargestellt.

Stift St. Florian
Barocke Klänge erfüllen in den Sommermonaten den Marmorsaal

Stift Kremsmünster
ist eines der bedeutendsten Klöster Österreichs. Der Bayrische Herzog Tassilo gründete es im Jahr 777

DAS ALPENVORLAND

Der Bau der Stiftskirche geht auf die Zeit der Romanik und Frühgotik zurück. Heute präsentiert sie sich im Inneren in barockisierter Form mit reichem Stuck, Fresken und wertvollen flämischen Gobelins aus Brüssel, die aus dem 16. Jahrhundert stammen.
Das Stift ist auch der Aufbewahrungsort des berühmten Tassilokelchs. Er wurde von Tassilo III. und dessen Gemahlin Liutpirc dem Kloster gestiftet und ist aus vergoldetem Kupfer gefertigt.
Neben der Stiftskirche, dem Kloster mit seiner wertvollen Bibliothek und den Stiftssammlungen ist es vor allem die Sternwarte im Garten der Klosteranlage, die das Interesse der Besucher auf sich zieht. Sie wurde in den Jahren 1748 bis 1758 errichtet, ist achtgeschoßig und mit 50 Metern der höchste Profanbau der Barockzeit in Österreich.
Sie dient noch heute einerseits als Observatorium, anderseits ist in ihr ein *Universalmuseum* untergebracht. Das war schon zur Bauzeit so vorgesehen: Alles Wissenswerte aus dem Bereich der Naturwissenschaften sollte hier zu finden sein; ein wahrlich einzigartiges Museumskonzept.
Der architektonisch überaus gelungene *Fischkalter* des Stifts geht auf ein religiöses Verbot zurück: Während der gesamten Fastenzeit durfte in den Klöstern kein Fleisch gegessen werden. Damit die Mönche dennoch nicht auf kulinarische Genüsse verzichten mussten, wurden Fischteiche angelegt. Hier in Kremsmünster hatte der schon aus St. Florian bekannte Baumeister Carlo Antonio Carlone die Idee, Fischteiche anzulegen, die von Arkadengängen umgeben sind. Später erweiterte Jakob Prandtauer die Anlage. Heute finden sich im barocken Fischkalter fünf mit Brunnenfiguren geschmückte Becken – umrahmt von Arkadengängen –, deren Durchblicke und Spiegelungen märchenhafte Stimmungen hervorzaubern.
Das dritte bedeutende Kloster des Traunviertels ist das Zisterzienserstift Schlierbach, das auf einer Terrasse über dem Kremstal thront. 1355 als Frauenkloster gegründet, wurde es 1620 als Männerkloster neu besiedelt. Da das Kloster über 60 Jahre lang leergestanden war, musste es umfassend um- und neu aufgebaut werden, und so schufen ab 1674 Mitglieder der italienischen Künstlerfamilie Carlone jenes Stift Schlierbach, das sich uns auch heute noch in all seiner Pracht präsentiert: Pietro Francesco Carlone und sein Sohn Carlo Antonio als Baumeister und noch weitere Familienmitglieder als Stuckateure und Freskenmaler begründeten den architektonischen Ruhm des Stifts.

Stiftskirche Kremsmünster
Reiches Stuckdekor und Fresken überziehen das Deckengewölbe der Stiftskirche

Stiftskirche Schlierbach
Das Innere besticht durch die reiche barocke Ausstattung

DAS ALPENVORLAND

Stift Schlierbach
Luftig und leicht wirkt die Schlierbacher Stiftsbibliothek

Vor allem die Stiftskirche zählt durch die außergewöhnlich reiche Stuckierung zu den Hauptwerken des österreichischen Barock, und auch der *Bernardisaal* – der Festsaal des Klosters – ist reich mit Stuck, Fresken und Ölgemälden ausgestattet. Dieser festliche Raum wird heute noch für die Abnahme der mündlichen Reifeprüfung der Gymnasiasten des Stiftes verwendet. Elegant und leicht wirkt der Saal der Stiftsbibliothek. Auf korinthischen Säulen ruht eine umlaufende Galerie, die dem Raum eine akzentuierte Gliederung gibt.

Von überregionaler Bedeutung ist die Käserei des Klosters Schlierbach. 11 verschiedene Käsesorten werden hier derzeit erzeugt – die meisten sind oberflächengereifte Weichkäse mit Rotkultur – und seit einigen Jahren werden auch Biokäsesorten produziert.

Die Schlierbacher Werkstätten für Glaskunst und Glasmalerei sind ebenfalls im Stift angesiedelt. Sie sind bekannt für die qualitativ hervorragenden Arbeiten vor allem im sakralen Bereich. Unter anderem werden hier Glasfenster für Kirchen hergestellt und auch restauriert.

Nicht weit von Schlierbach entfernt, auf der gegenüberliegenden Seite der Krems, liegt Inzersdorf im Kremstal, und man würde der modernen Kirche von Inzersdorf nicht ansehen, dass sich in ihrem Inneren ein kunstgeschichtliches Juwel verbirgt. Es handelt sich dabei um eine sogenannte *Schöne Madonna* mit Kind, die um 1430 von einem unbekannten Meister geschaffen wurde.

Folgt man der Krems ein Stück flussaufwärts, gelangt man nach Micheldorf, wo sich neben der weithin sichtbaren Burg Altpernstein – einer gut erhaltenen Wohnburg aus dem 12. Jahrhundert – auch ein sehenswertes Sensenschmiede-Museum befindet. Das reich ausgestatte Wohngebäude zeugt noch heute vom Reichtum und luxuriösen Leben der *Schwarzen Grafen,* wie die reichen Sensenschmiede von einst auch genannt wurden.

Dass das Alpenvorland ein geschichtsträchtiger Boden ist, zeigt sich aber nicht nur an seinen Klöstern, Kirchen und Stiften, sondern beispielhaft auch daran, dass sich dem Besucher mit Enns die älteste Stadt Österreichs präsentiert, die einen Blick in die über 2000-jährige Geschichte dieser Region ermöglicht.

Auf eine keltische Siedlung zurückgehend entwickelte sich „Lauriacum" auf Grund seiner strategisch günstigen Lage zur Zeit des Römischen Reiches um 180 n. Chr. zu einer Limes-Grenzfestung mit beachtlichen 6.000 Mann Besatzung. Gleichzeitig entstand auf dem Gebiet des heutigen „Lorch" – unweit von Enns – eine zivile römische Siedlung, die 212 n. Chr. von Kaiser Caracalla sogar das Stadtrecht zuerkannt erhielt. Damals lebten in „Lauriacum" etwa 30.000 Menschen. Kirchengeschichte schrieb die Stadt im Jahr 304, als der heilige Florian – ein Römer – zur Zeit der Christenverfolgung unter Kaiser Diokletian in der Enns den Märtyrertod durch Ertränken fand.

Lorch
Auf historischem Boden steht die St. Laurentius-Basilika

DAS TRAUNVIERTEL

DAS ALPENVORLAND

Spuren dieser jahrtausendealten Geschichte sind heute etwa noch in der gotischen Lorcher St. Laurentius-Basilika zu finden. Der Fußboden ist im vorderen Teil der Kirche unterbrochen, sodass man auf die Reste der früheren Gebäude hinunterblicken kann; darunter die Fragmente eines römischen Stadttempels, die Mauerreste einer frühchristlichen Kirche oder das Mauerwerk einer karolingischen Wallfahrtskirche. Neben der Lorcher Kirche ist ein Karner aus dem 16. Jahrhundert zu bewundern. Ungewöhnlich ist die so genannte Ecce-homo-Gruppe, die in der Barockzeit außen am Karner angebracht wurde: Jesus und Pilatus sind hier plastisch dargestellt – Pilatus in der Gestalt eines türkischen Großwesirs.
Im ehemaligen Rathaus am Stadtplatz befindet sich das Museum *Lauriacum* mit seiner bedeutenden Sammlung römischer Funde aus der Umgebung.

Enns
Stadt mit Stadtturm

Die eigentliche Geburtsstunde der heutigen Stadt Enns geht auf das beginnende 12. Jahrhundert zurück, als Graf Otakar II. (gest. 1122) als Landesherr auf dem Ennsberg einen planmäßig angelegten Markt errichtete, der rasch aufblühte und Ense hieß. Im Jahr 1212 erhielt Enns schließlich vom Babenbergerherzog Leopold VI. (1176–1230) das Stadtrecht verliehen und gilt seither als älteste Stadt Österreichs.

Nähert man sich heutzutage Enns, so fällt schon von weitem der alles überragende Stadtturm auf. Als Wach- und Uhrturm mit seinem unverwechselbaren Renaissancehelm wurde er zwischen 1565 und 1568 erbaut und steht beherrschend in der Mitte des Stadtplatzes. Eine herrliche Aussicht auf die Stadt lohnt den Aufstieg. Dem Besucher eröffnet sich so von oben der Blick auf eine Altstadt, in der sich noch immer viele Häuser entdecken lassen, die aus der Zeit der Gotik stammen und die im Laufe der Jahrhunderte dem Geschmack der Zeit entsprechend im Stil der Renaissance oder des Barock umgestaltet wurden.

Das Alpenvorland besitzt mit der Kur-Stadt Bad Hall und seinen Jod-Sole-Quellen auch ein Heilbad von überregionaler Bedeutung. Die erste Badeanstalt geht bereits auf das Jahr 1378 zurück. Der Aufschwung von Bad Hall als Kurort kam in der zweiten Hälfte des 19. Jahrhunderts und erreichte um die Jahrhundertwende zum 20. Jahrhundert einen Höhepunkt, wie einige Jugendstilhäuser, die das Stadtbild mitprägen, bezeugen.

Die traditionsreiche Tassilo-Therme selbst wurde in den letzten Jahren wiederholt umgebaut und erweitert. Das Spezialgebiet von Bad Hall ist die Behandlung von Augenleiden und Herz-Kreislauf-Problemen.

Scharnstein
Das Renaissanceschloss Scharnstein im Almtal beherbergt heute unter anderem auch ein Kriminalmuseum

DAS TRAUNVIERTEL

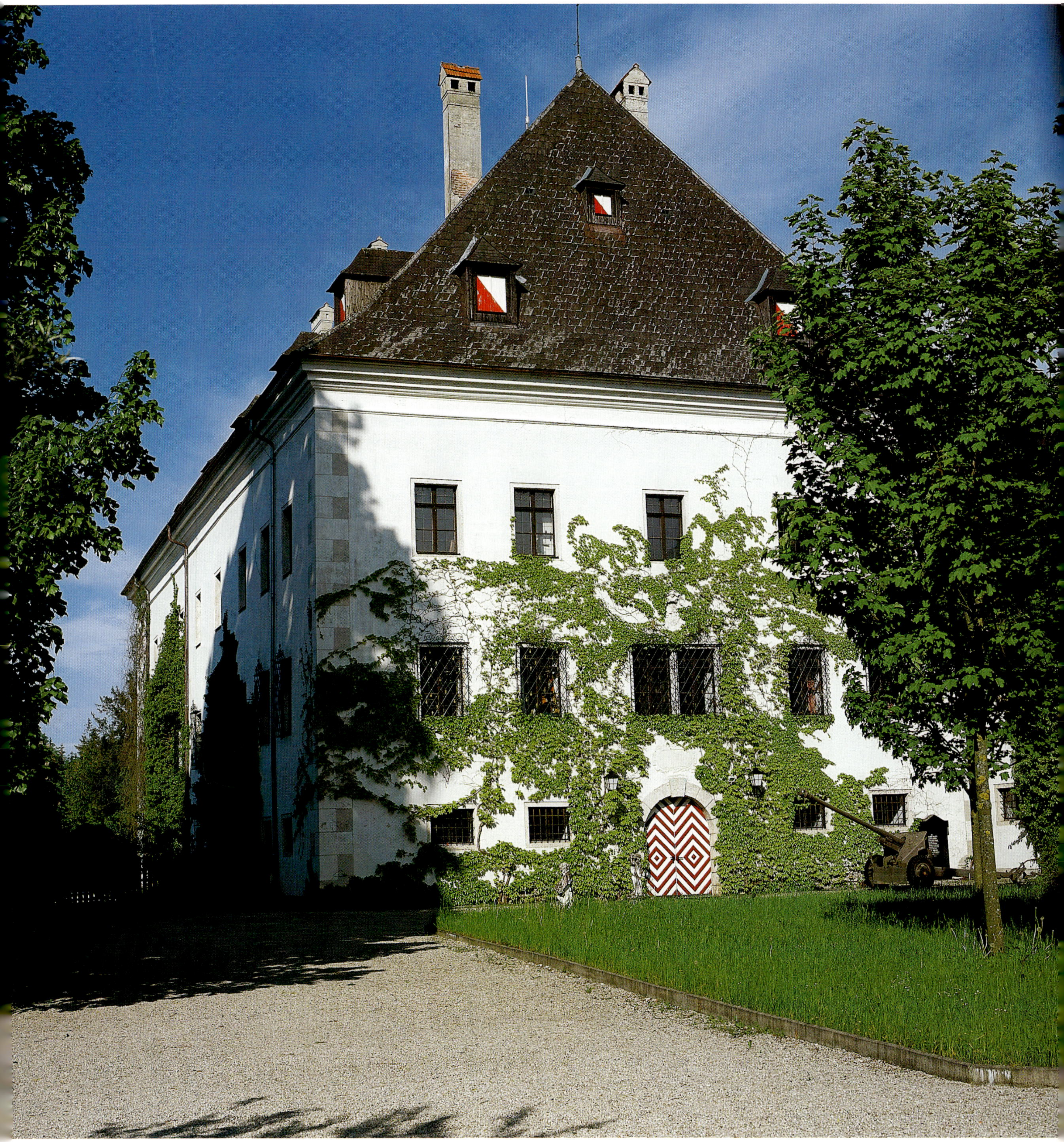

Scharnstein
Sensenwerkmuseum Geyerhammer, Essen

In geographischer Hinsicht schon zum Salzkammergut gehört Scharnstein im Almtal, das sich aber wirtschaftlich immer nach Osten zum Kremstal hin orientierte und deshalb auch in diesem Kapitel erwähnt werden soll. Scharnstein ist für Besucher vor allem auf Grund seiner Museen interessant:
Im renovierten Renaissanceschloss sind das österreichische Kriminalmuseum sowie das oberösterreichische Gendarmeriemuseum untergebracht, und auch ein Museum für österreichische Zeitgeschichte, das die Entwicklung Österreichs im 20. Jahrhundert zeigt, hat hier Platz gefunden.
Eine ganz besondere Sehenswürdigkeit Scharnsteins ist das alte Sensenwerk *Geyerhammer*, das im Jahr 1987, nach 400-jährigem Betrieb, die Produktion eingestellt hat.
Die Sensenerzeugung ist ein Wirtschaftszweig, der im Traunviertel jahrhundertelange Tradition hat und einen hohen Qualitätsstandard erreichte. Die Entwicklung des *Wasser-Breithammers* durch den Micheldorfer Schmied Konrad Eisvogel im Jahr 1584 ermöglichte es den Sensenschmieden, die Produktion zu steigern und industrieähnliche Unternehmungen zu gründen. Das Sensenwerk Scharnstein – entstanden in der Übergangsphase zwischen handwerklicher und industrieller Produktion – entwickelte sich in der Folge zur größten Sensenproduktionsstätte der k. und k. Monarchie. Die drei wasserbetriebenen *Schwanzhämmer* sind heute genauso wie die Essen noch betriebsbereit und bilden zusammen mit Herrenhäusern, Arbeiterwohnbauten und Lagerhallen ein einmaliges Ensemble gründerzeitlicher Industriearchitektur.
Von Scharnstein aus gelangt man in südlicher Richtung zum romantisch gelegenen Almsee – einem beliebten Ausflugsziel inmitten eines Naturschutzgebietes.
In der Umgebung des Almsees liegt der Cumberland-Wildpark Grünau – ein von Familien gern besuchter und in herrlicher Landschaft eingebetteter Tierpark – und die Konrad-Lorenz-Forschungsstelle. Dort wird unter der wissenschaftlichen Patronanz der Abteilung für Ethologie des Zoologischen Institutes der Universität Wien mit modernsten Methoden Grundlagenforschung zum sozialen Zusammenleben von Graugänsen, Raben und Waldtrappen betrieben. Die wissenschaftlichen Grundlagen des Nobelpreisträgers Konrad Lorenz, die hier im Almtal entwickelt wurden, spielen dabei immer noch eine wichtige Rolle. Konrad Lorenz erhielt für seine Studien an Graugänsen zum Thema *vergleichende Verhaltensforschung* 1973 den Nobelpreis für Physiologie und Medizin.
Im Winter eröffnet sich Heimischen und Besuchern von Grünau im Almtal das beliebte Schigebiet des Kasberges – es ist vom Großraum Linz das am schnellsten zu erreichende alpine Schigebiet Oberösterreichs.

Scharnstein
Sensenwerkmuseum Geyerhammer, wasserbetriebener Hammer

DAS ALPENVORLAND

Stift St. Florian. Südlich beschwingt wirkt das meisterhafte barocke Treppenhaus

Stadl-Paura. Dreifaltigkeitskirche

Das Jagdschloss Hohenbrunn bei St. Florian beherbergt ein Jagd- und Fischereimuseum

Dietach. Riesige Vierkanthöfe mit reich verzierten Fassaden prägen die Landschaft des Alpenvorlandes

Tillysburg. Der Innenhof ist wohl der schönste Teil des Barockschlosses in der Nähe von St. Florian

Dietach
Eine originelle Bauernstube findet man im Bauernmuseum Gallhuberhof

Micheldorf. Wohnstube des Hammerherrn Caspar Zeitlinger im Sensenschmiedemuseum

Das Alpenvorland. Goldgelb leuchten im Frühling die weitläufigen Rapsfelder

Stift Kremsmünster
Die barocke Bibliothek des Stiftes beherbergt wertvolle Handschriften

Inzersdorf
Die gotische Madonna von Inzersdorf gehört zum Typus der schönen Madonna

Stiftskirche Kremsmünster. Das Gunthergrab, errichtet um 1300

Kremsmünster.
Auch heute noch wird der barocke Fischbehälter zur Fischzucht verwendet

Schloss Kremsegg. Auf einer Anhöhe nahe Kremsmünster liegt das Schloss mit seinem sehenswerten Arkadenhof

Kremsmünster. Die Sternwarte wurde als „mathematischer Turm" errichtet und beherbergt ein naturwissenschaftliches Museum

Kremsmünster. Prälatenhof mit Stiftskirche

Fischlham
Das Wasserschloss Bernau stammt aus der Mitte des 16. Jahrhunderts

Altpernstein. Die mittelalterliche Wohnburg thront auf einer Felsklippe hoch über dem Kremstal

Oberschlierbach. Ein weiter Blick ins Voralpenland bietet sich von Oberschlierbach im Kremstal

Kirche Grünau im Almtal
Geburt Christi,
geschaffen von Michael Zürn d. J.

Pucking
Die gotischen Fresken der Kirche Pucking wurden erst im Jahr 1946 wiederentdeckt

Bad Hall
Landeskuranstalt mit ausgedehntem Kurpark

Enns
Museum Lauriacum, römisches Grabrelief einer Soldatenfamilie

Enns
Im ehemaligen Rathaus am Hauptplatz befindet sich das Museum Lauriacum, dessen Ausstellungsschwerpunkt römische Funde sind

Basilika Lorch
Bronzereliefs von Peter Dimmel über das Leben und Sterben des hl. Florian

Stift Schlierbach
Der Bernardisaal ist der größte und prunkvollste Raum des Stiftes

DAS ALPENVORLAND | 85

Kasberg. Das nächstgelegene Schigebiet des Großraumes Linz

Almsee. Morgenstimmung

Eisen und Wasser – Das Ennstal und der Nationalpark Kalkalpen

Das Ennstal ist ohne Zweifel jene Region Oberösterreichs, die am nachhaltigsten vom Eisen und dessen Verarbeitung geprägt wurde. Viele Orte spezialisierten sich hier im Laufe des 19. Jahrhunderts auf die Erzeugung bestimmter Eisenprodukte wie zum Beispiel Sensen, Taschenfeitel oder Nägel, und die Relikte dieser alten Industriekultur sind oft noch zu bewundern: teilweise in Museen, vereinzelt auch in Betrieben, die die wirtschaftlichen Veränderungen des 20. Jahrhunderts überlebt haben und noch immer „ihre" Maultrommeln oder Taschenfeitel herstellen. Heute stellt der Nationalpark Kalkalpen den zentralen Anziehungspunkt der Region dar. Diese Mittelgebirgslandschaft mit dem Reichraminger Hintergebirge bezaubert durch das wildromantische Zusammenspiel von Wäldern, Schluchten und Bächen – ein Wanderparadies ersten Ranges.

Ternberg
Blick über die Enns auf Ternberg im Herbstlicht

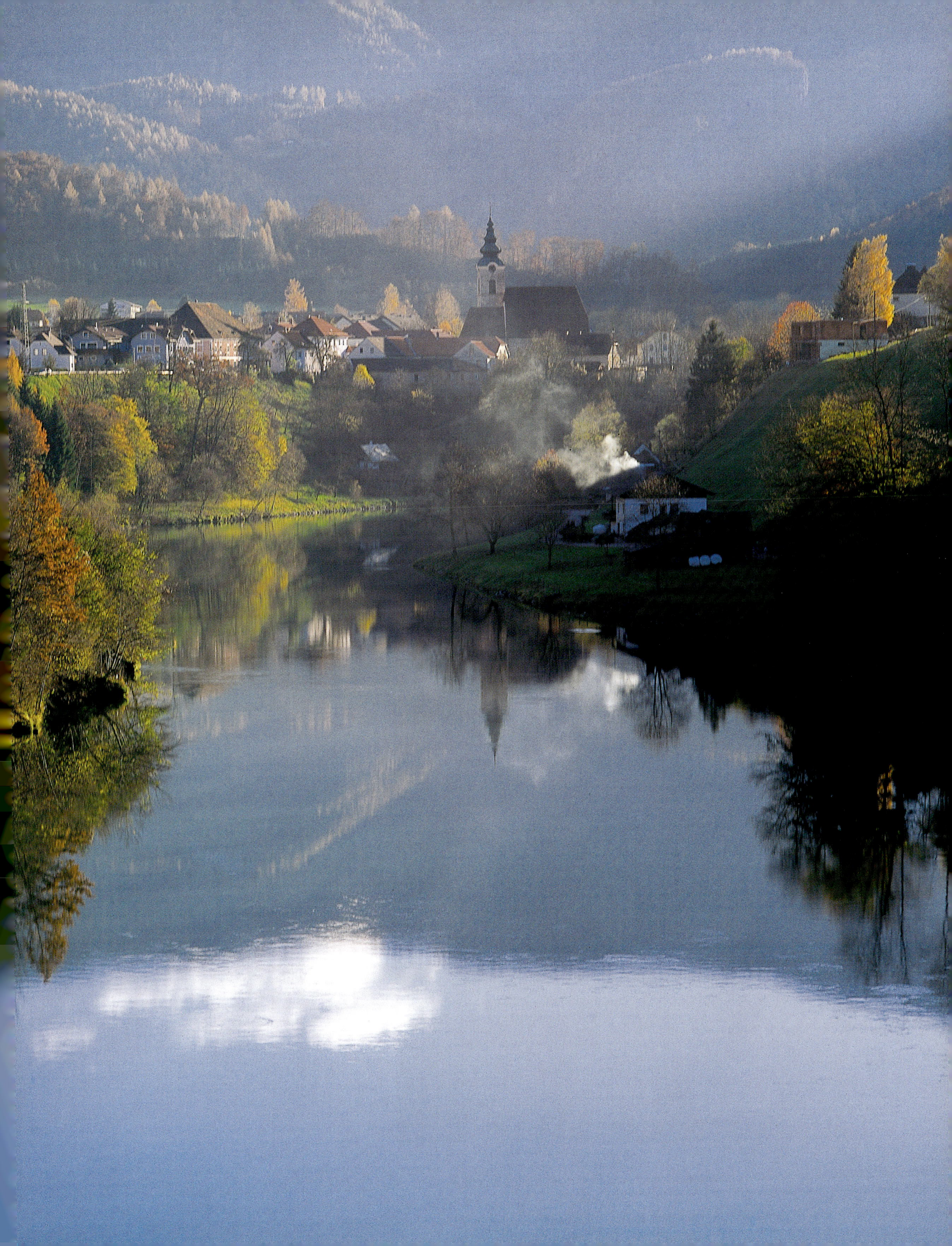

Folgt man der Enns von ihrer Mündung in die Donau stromaufwärts, gelangt man knapp vor Steyr zum ehemaligen Benediktinerkloster Gleink, das im Zuge der Kirchenreformen Kaiser Josefs II. 1784 säkularisiert wurde. Das Innere der ehemaligen Klosterkirche birgt eine prachtvolle Orgel aus dem Jahr 1732, und auch der Hochaltar ist sehenswert – er stammt von Sebastian Gründler und wurde um 1664 fertiggestellt.

Nur wenige Kilometer südlich der Eisenstadt Steyr liegt das ehemalige Kloster Garsten, dessen Bau auf das Jahr 1677 zurückgeht und das im Jahr 1787 aufgehoben wurde.

Die ehemalige Stiftskirche wurde von den Brüdern Carlone erbaut und gilt zu Recht als ein Höhepunkt des österreichischen Hochbarock. Bedeutende Künstler haben an der Ausstattung mitgewirkt – unter anderem der als *Kremser-Schmidt* bekannte Martin Johann Schmidt (1718–1801). Beim Betreten der Kirche fällt der Dekorationsreichtum und die hohe Qualität der Stuckarbeiten auf. Carlo Antonio Carlone ist der in Schwarz und Gold gehaltene Hochaltar zu verdanken. Gobelins aus den Niederlanden, die das Leben Alexanders des Großen darstellen, ergänzen die wertvolle Ausstattung.

Seit dem Jahr 1850 wird die Klosteranlage als Haftanstalt genutzt, die Kirche steht jedoch für den allgemeinen Besuch offen.

Der Enns in südlicher Richtung folgend gelangt man am Westufer nach Trattenbach in der Gemeinde Ternberg. Das „Museumsdorf" Trattenbach liegt in einem engen Tal und ist seit Jahrhunderten mit der Eisenverarbeitung verbunden. Hier wurden früher in großem Stil Taschenfeitel, das sind Klappmesser mit einem Holzgriff, gefertigt. Auf einem etwa zwei Kilometer langen Weg durch das Dorf kann man sich in verschiedenen Werkstätten einen Eindruck von der auf das 16. Jahrhundert zurückgehenden Tradition des Feitelmachens verschaffen. Heute stellt nur mehr ein Unternehmen Feitel her – die Firma Löschenkohl, gleich am Beginn des *Tales der Feitelmacher* gelegen. In diesem traditionsreichen Betrieb kann der Besucher auch bei der Fertigung der Taschenfeitel zusehen. Talaufwärts befindet sich eine sehenswerte Schaudrechslerei, wo mit Hilfe der Wasserkraft verschiedene Maschinen betrieben werden, die zur Herstellung der Holzgriffe der Feitel notwendig sind. Wer Lust und Laune hat, kann sich seinen eigenen Taschenfeitel im ersten Stock der Drechslerei basteln – die Klinge in den Holzgriff einsetzen, befestigen und dann den Griff nach eigenen Vorstellungen bemalen.

Nicht weit von Trattenbach entfernt, 5 Kilometer abseits der Ennstal-Straße, liegt Laussa, das den Besucher mit drei riesigen Windrädern überrascht. Diese stehen auf einer Seehöhe von 912 Meter, die Türme selbst sind 50 Meter hoch und liefern auch Strom ans Netz. Sie sind Teil des „Energiepfades" Laussa, der Informationen über die Nutzung erneuerbarer Energie bietet. Der Standort hat bereits Tradition. Schon am Beginn des 20. Jahrhunderts nutzte eine Windmühle die günstigen Windverhältnisse an diesem Platz. Folgt man der Enns weiter stromaufwärts, so gelangt man bereits nach einigen Kilometern nach Losenstein, das von einer der größten und ältesten Burgruinen des Landes überragt

Ehemalige Stiftskiche Garsten
Im Altarraum hängen niederländische Bildteppiche, die Szenen aus dem Leben Alexanders des Großen zeigen

Garsten
Ehemalige Stiftskirche

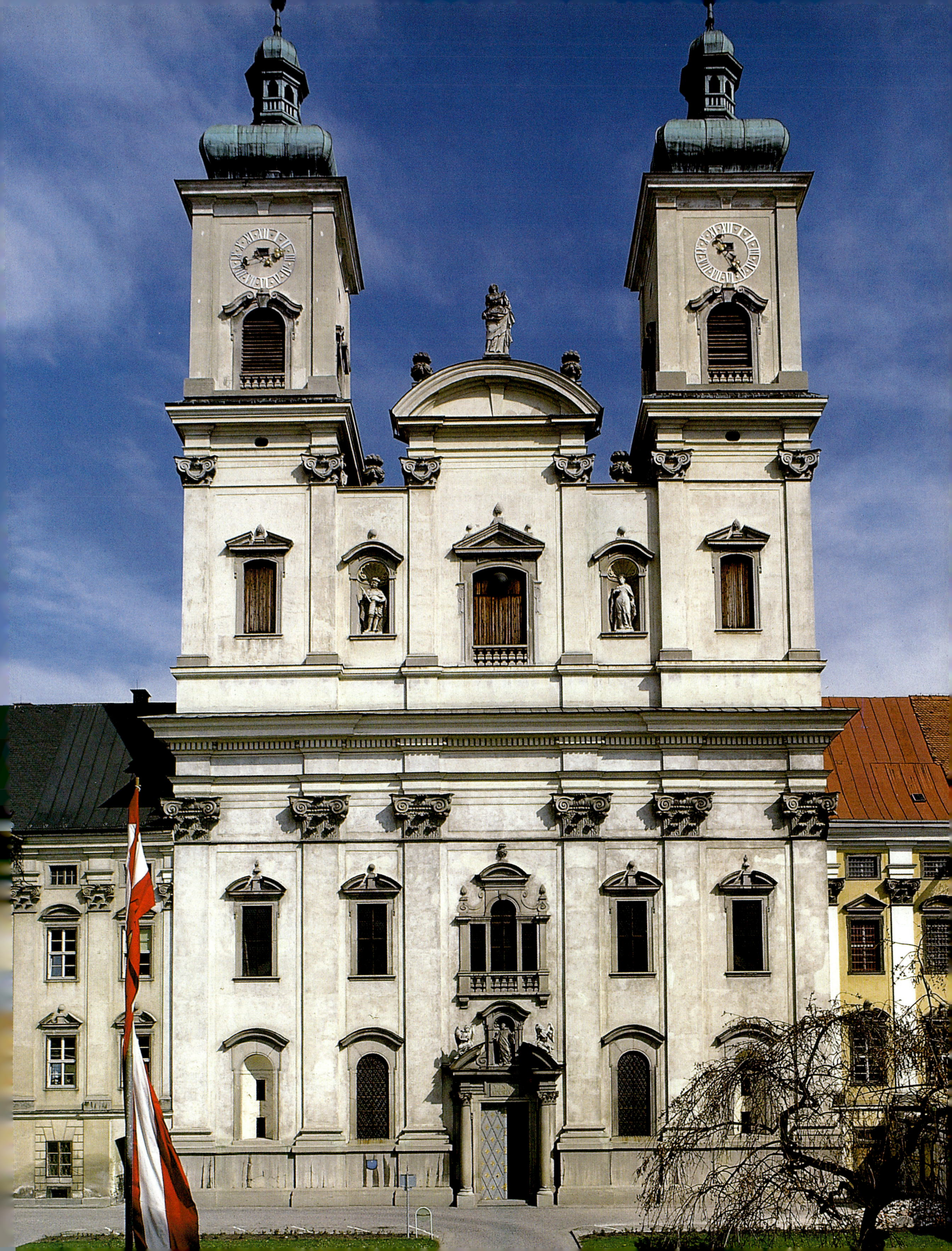

wird. So wie in anderen Orten des Ennstales hat auch in Losenstein die Eisenverarbeitung eine lange Tradition. Das am steirischen Erzberg gewonnene Eisenerz wurde in Hieflau in der Steiermark zu Roheisen weiterverarbeitet und in das Ennstal geliefert. Aus diesem Rohprodukt konnten die in der Eisenwurzen beheimateten Betriebe Messer, Sensen und andere Produkte herstellen – in Losenstein waren das zur Zeit der Hochblüte der Eisenverarbeitung vorwiegend Nägel, und so ist es auch kein Zufall, dass das Heimatmuseum der Gemeinde in einer ehemaligen Nagelschmiede untergebracht ist.

An die Zeit der Ritter, Eisen- und Handelsherren erinnert auch die ehemalige Schlosstaverne – ein Renaissancebau –, der heute einen Gasthof beherbergt.

Ganz in der Nähe von Losenstein befinden sich einige charakteristische Berggipfel, die so genannten *Sauzähne* – ein beliebtes Ziel für Sportkletterer, die im Dolomitgestein viele mittelschwere und schwere Routen vorfinden. Nur ein paar Kilometer weiter liegt Reichraming, das Tor zum Reichraminger Hintergebirge im Nationalpark Kalkalpen. Von hier führen Rad- und Wanderwege in das Herzstück des Reichraminger Hintergebirges, eine Mittelgebirgslandschaft, die sich durch enge Schluchten, Wasserfälle, viele Gebirgsbäche, eine Unzahl an Almen und vor allem durch ihren Waldreichtum auszeichnet.

Der Wald war es ursprünglich auch, der die Grundlage für die wirtschaftliche Entwicklung im Hintergebirge bildete. Durch die Bäche wurde das geschlägerte Holz abtransportiert, wobei in eigens errichteten Klausen das Wasser aufgestaut und dann schwallartig wieder abgelassen wurde, um die Stämme talwärts zu befördern. In beinahe jeder Schlucht wurden abenteuerliche Triftsteige errichtet, um verklemmte Baumstämme so leichter erreichen und mit Stangen weiterstoßen zu können.

Über 50 Jahre lang wurde auch eine eigene Eisenbahnlinie betrieben, auf der man das Holz aus dem Hintergebirge transportierte – die *Waldbahn*. Diese dampfbetriebene Schmalspurbahn verrichtete von 1920 bis 1971 ihre Dienste. Über 40 Kilometer Gleise wurden verlegt und 19 Tunnels in den Fels hineingesprengt. Heute führt auf der ehemaligen Trasse der Bahn ein beliebter Radweg über die so genannte *Große Schlucht* bis zum *Schleierfall*.

Eine Zäsur für das Reichraminger Hintergebirge waren die Jahre 1982 bis 1984, in denen diese Region in den Blickpunkt der Öffentlichkeit rückte. Ein geplantes Speicherkraftwerk im Zentrum des heutigen Nationalparks Kalkalpen wurde zu einem zentralen Streitpunkt der österreichischen Innenpolitik: Umweltschutzorganisationen und engagierte Einzelkämpfer rannten Sturm gegen dieses Projekt, besetzten die Kraftwerksbaustelle und lösten damit ein enormes mediales Echo aus.

Nahe Ternberg
Herbststimmung im Ennstal

Ennstal
Herbst an der Enns bei Reichraming

DAS ENNSTAL UND DER NATIONALPARK KALKALPEN | 93

Weyer
Das Prevenhuberhaus in Weyer besitzt ein prächtiges Renaissanceportal

Im Jahr 1985 unterzeichneten mehr als 350.000 Menschen das Konrad-Lorenz-Volksbegehren, das sich für die Erhaltung der Landschaft des Hintergebirges einsetzte, und in der Folge begann nach und nach ein Umdenken auf politischer Ebene, auch wenn die österreichische Energiewirtschaft bis zum Jahr 1986 hartnäckig am Bau eines Speicherkraftwerkes festhielt.
Gleichzeitig wurde dieses Gebiet auch von immer mehr Menschen als Naturparadies entdeckt und lieben gelernt, was die Verwirklichung der Idee eines Nationalparks Kalkalpen schließlich möglich machte: 1996 wurde der Nationalpark dann endgültig beschlossen und bereits ein Jahr später errichtet.
Das Gebiet des Hintergebirges hat sich inzwischen zu einer beliebten Wander- und Radfahrgegend entwickelt. Zwischen engen Schluchten und saftig grünen Almen bietet dieses Gebiet alles, was ein Naturliebhaber erwartet. Nicht zuletzt auch deshalb, weil es hier noch Tierarten gibt, die man anderswo kaum mehr findet, wie zum Beispiel den Steinadler.
Die nächste Station auf dem Weg ennsaufwärts ist Großraming, dessen Pfarrkirche mit Fresken des berühmten Barockkünstlers Bartolomeo Altomonte (1701–1783) auf jeden Fall einen Besuch lohnt. Daneben gibt es in Großraming aber auch ein Kutschen- und Schlittenmuseum mit mehr als 80 historischen Fahrzeugen, die ältesten aus dem 17. Jahrhundert. Der Großteil der Exponate stammt aus dem 19. und beginnenden 20. Jahrhundert und reicht vom Erntewagen bis zum vornehmen Landauer des Adels. Nicht weit von Großraming entfernt wurde bis ins 19. Jahrhundert hinein Braunkohle abgebaut. Im so genannten Pechgraben erinnert heute nur mehr der *Knappenweg* an diese längst vergangene Epoche.
Maria Neustift liegt rund 7 Kilometer nordöstlich von Großraming, knapp an der Grenze zu Niederösterreich. Es ist die romantische Lage, die diesen Ort so sehenswert macht. Von hier öffnet sich der Blick über eine ruhige, einladende Landschaft ins tiefer gelegene Ennstal bis zu den umliegenden Bergen.
Der nächstgelegene Ort an der Enns ist Weyer Markt, der allerlei Sehenswertes vorzuweisen hat wie zum Beispiel den lang gestreckten Marktplatz mit Häusern aus der Spätgotik und Renaissance oder den barocken Innerbergerstadl aus dem 17. Jahrhundert, der früher als Getreidespeicher diente.
Eine Besonderheit ist das Ennsmuseum Kastenreith bei Weyer. Der *Kasten an der Enns*, wie dieses Gebäude auch genannt wird, war früher ein wichtiger Stützpunkt für die Flößer, die von Hieflau in der Steiermark flussabwärts nach Enns fuhren. Das Museum zeigt die wirtschaftliche und kulturelle Entwicklung des Ennstales mit dem Ausstellungsschwerpunkt Ennsschifffahrt und Flößerei.
Wer heutzutage sein eigenes Getreide in einer fast 200 Jahre alten Wassermühle zu Mehl verarbeiten lassen will, der ist in der Katzensteiner Mühle richtig. Bei dieser handelt es sich um eine völlig intakte Bauernmühle aus dem Jahr 1820, und wenn man die idyllische Lage der Mühle am Gaflenzbach sieht, ist es kaum zu glauben, dass sie von einem anderen Standort hierher gebracht und liebevoll wieder aufgebaut wurde.
Weiter stromaufwärts gelangt man schließlich nach Altenmarkt – bereits in der Steiermark gelegen. Von Altenmarkt aus lohnt die Fahrt ein Stück entlang der Grenze zwischen dem Traunviertel und der Steiermark über den Hengstpass bis nach Windischgarsten.
Diese Straße führt entlang des Reichraminger Hintergebirges und eröffnet herrliche Wandermöglichkeiten, denn es finden sich hier viele leicht zu erreichende Almen wie die Laussabauer Alm oder die Puglalm, manche sogar direkt an der Straße gelegen. So kann man etwa mit dem Auto über eine steile Schotterstraße zur landschaftlich reizvoll gelegenen Schüttbauer Alm hinauffahren, die auch eine Übernachtungsmöglichkeit bietet und von der ein romantischer Wanderweg auf den Bodenwies-Gipfel führt. Oder man nimmt die Ortschaft Dörfl als Ausgangspunkt, von wo man – zu Fuß oder mit dem Rad – über die Mooshöhe in das Zentrum des Hintergebirges, bis zum so genannten Weißwasser, gelangt. Von dort bietet sich dann die Möglichkeit – mit einer Zwischenstation auf der Anlaufalm – den Gipfel des Hochkogels (1157 Meter) zu besteigen.

Katzensteiner Mühle
Romantisch liegt die Mühle am Gaflenzbach

DAS ENNSTAL UND DER NATIONALPARK KALKALPEN

Garsten. Reicher Stuck und Fresken an den Gewölben der Garstener Kirche

Losenstein. Gasthof Eisentor an der alten Eisenstraße

Ternberg. Ein Kreuz aus Schmiedeisen aus der Zeit des Rokoko steht an der Außenwand der Kirche von Ternberg

Trattenbach. Schaudrechslerei, Herstellung von Schäften für Taschenfeitel

Ternberg. Sanfthügelige Landschaft zwischen Enns- und Steyrtal

Ennstal. Baumblüte

Ennstal. Herbststimmung

DAS ENNSTAL UND DER NATIONALPARK KALKALPEN | 101

Trattenbach. Paragleiter

Schüttbauer Alm. Nationalpark Kalkalpen

Maria Neustift. Auf 635 Meter Seehöhe liegt dieser schöne Ort

Puglalm am Hengstpass

Reichraminger Hintergebirge. Große Klause

Reichraminger Hintergebirge. Große Schlucht

Reichraminger Hintergebirge. Schleierfall

Hoher Nock. Nationalpark Kalkalpen, Blick auf die Haller Mauern

Hoher Nock. Nationalpark Kalkalpen, Gipfelrast

DAS ENNSTAL UND DER NATIONALPARK KALKALPEN

Industrie und Natur – Von Steyr bis zur Pyhrn-Priel-Region

Von der altehrwürdigen Eisenstadt Steyr – einer Stadt mit einer einzigartigen Altstadt und langer industrieller Tradition – geht die Reise über das Steyrtal bis hinein in das Tote Gebirge. Man durchquert dabei eine Gegend, in der über Generationen die Eisenverarbeitung neben der Landwirtschaft die Lebensgrundlage bildete. Die Pyhrn-Priel-Region lockt durch ihre reizvolle Bergkulisse, die im Sommer zur Erholung in der Natur und zum Erwandern der Berggipfel einlädt. In der kalten Jahreszeit ziehen zwei bedeutende Schigebiete Wintersportler an: die Höss bei Hinterstoder und die Wurzeralm in der Nähe von Spital am Pyhrn.

Steyr
Blick über die Enns auf die alte Eisenstadt

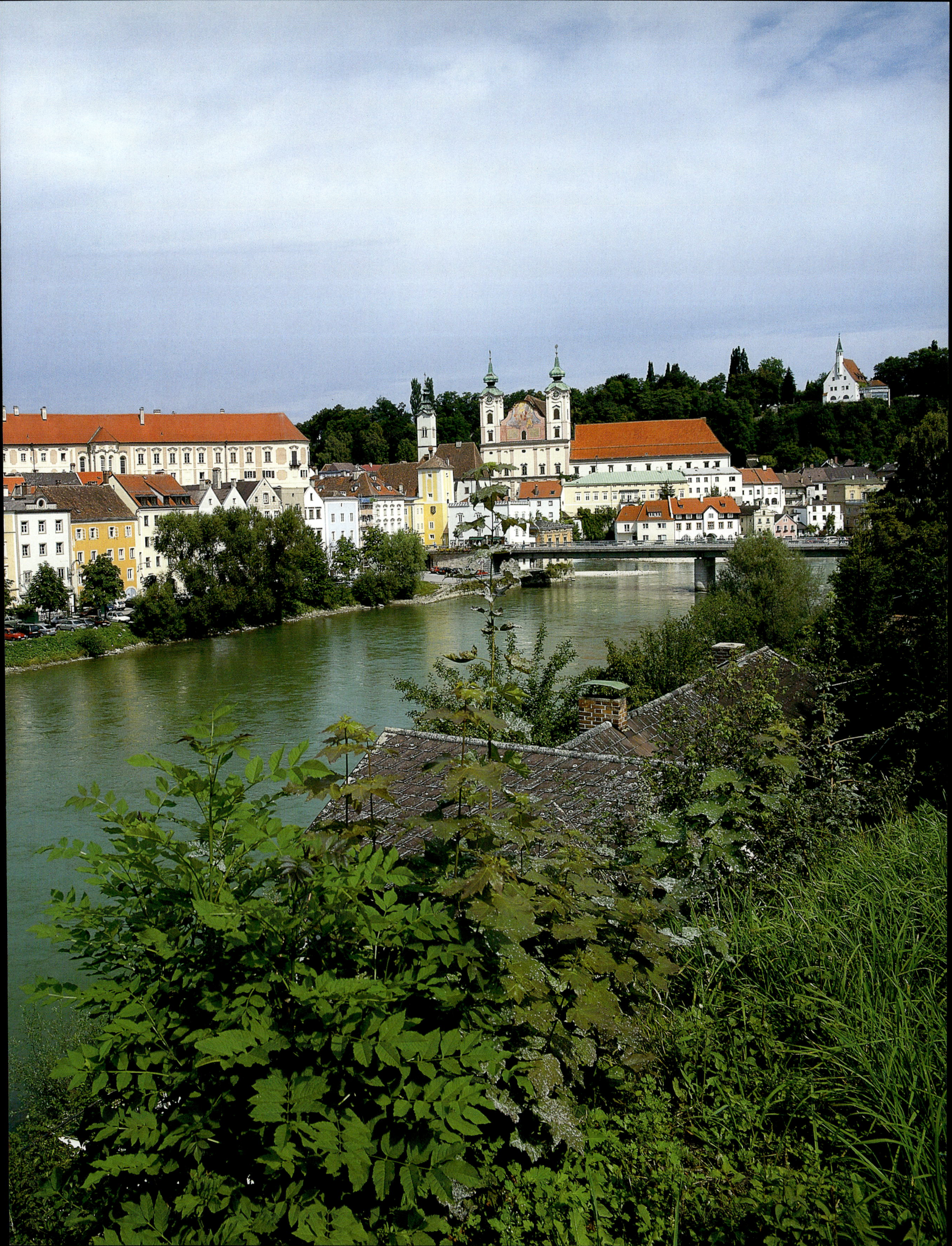

Steyr
Das Museum Arbeitswelt zeigt die Epoche der beginnenden Industrialisierung

Die altehrwürdige Eisenstadt Steyr liegt an der Einmündung des Flusses Steyr in die Enns. Überragt vom Barockschloss Lamberg, das beherrschend auf einem Hügel direkt über der Altstadt liegt, ist Steyr wohl eine der schönsten Städte Oberösterreichs.

Spaziert man durch Steyr, so fallen auf den ersten Blick die zahlreichen historischen Häuser auf, die meist auf einen gotischen Kern zurückgehen, sich oft in barockisiertem Glanz präsentieren und zum Stehenbleiben und Genießen einladen. Besonders hervorzuheben sind dabei vor allem zwei Gebäude: der *Innerberger Stadl* und das berühmte *Bummerlhaus*.

Der *Innerberger Stadl* ist ein geschichtlich bedeutender Renaissancebau am Steyrer Grünmarkt, der heute die Sammlungen des Städtischen Museums beherbergt. Er wurde als Getreidespeicher für die Arbeiter des steirischen Erzberges und als Stapelplatz für Eisenwaren errichtet. *Innerberg* ist übrigens eine alte Bezeichnung für den Ort Eisenerz in der Steiermark.

Am Steyrer Stadtplatz, der sich als historisches Ensemble von Häusern aus der Gotik über das Barock bis zum Rokoko präsentiert, steht das *Bummerlhaus*. Es handelt sich dabei um ein original erhaltenes Bürgerhaus, das als einer der elegantesten und besterhaltenen Wohnbauten der Spätgotik gilt. Wie überhaupt der Stadtplatz wegen seiner Größe überrascht und von der einstigen Bedeutung sowie dem Reichtum der Bürger dieser Stadt zeugt.

Die wirtschaftliche Entwicklung Steyrs ist untrennbar mit dem Beginn des Eisenerzabbaues am steirischen Erzberg im Jahr 1150 verbunden. Steyr erhielt 1287 das Stadtrecht und das so genannte *Stapelrecht* für Holz und Eisen, was bedeutete, dass der gesamte Handel von Holz- und Eisenwaren der Region ab diesem Zeitpunkt nur über den Umschlagplatz Steyr durchgeführt werden durfte. Dies sicherte der Stadt fixe Einnahmen. Die Zünfte, wie zum Beispiel die Messerer, die Nagel-, Bohrer-, Huf-, Feilen- und Waffenschmiede, blühten auf. Reiche Kaufleute schlossen sich zu eigenen Gilden zusammen und konnten so schwunghaften Handel mit den wichtigsten Wirtschaftszentren Europas betreiben.

Auch wenn heute am 500 Jahre alten Wehrgrabenkanal keine Wasserräder mehr Hammerwerke und Mühlen antreiben, so begann der industrielle Aufstieg Steyrs doch hier. Entlang des Wehrgrabens, einem parallel zur Steyr verlaufenden Kanal, liegen die einstigen Industriezentren der Stadt. Josef Werndl (1831–1889) errichtete hier eine international konkurrenzfähige Waffenfabrik, durch die Steyr einen enormen Aufschwung erlebte.

An der Steyr
liegt das ehemalige Industriegebiet des Wehrgrabens

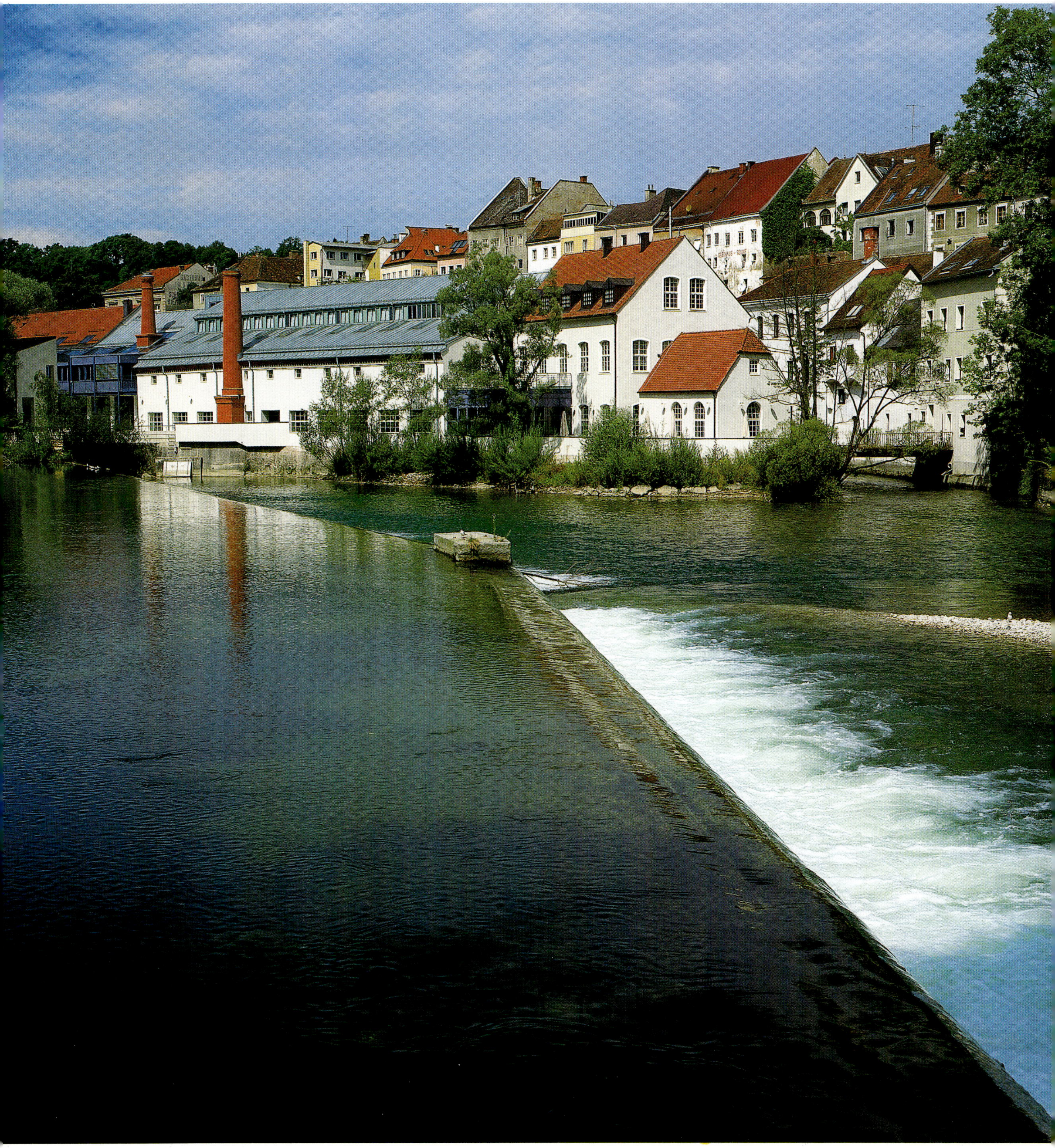

In den Jahren 1887–92 waren in den Fabriken mehr als 10.000 Arbeiter beschäftigt. Im *Museum Arbeitswelt* – in einer ehemaligen Fabrikshalle im Wehrgraben untergebracht – wird diese Epoche österreichischer Wirtschaftsgeschichte anschaulich dokumentiert und ein Einblick in die Lebens- und Arbeitsbedingungen zur Zeit der beginnenden Industrialisierung gegeben.

Heute ist Steyr ein hoch entwickelter Industriestandort mit Entwicklungszentren und Forschungsinstituten, einer Fachhochschule und bestens ausgebildeten Fachleuten. Diese Technologieregion beherbergt Großkonzerne wie BMW Motoren GmbH, ÖAF & Steyr Nutzfahrzeuge OHG, Steyr Antriebstechnik, Steyr-Mannlicher AG, SKF Österreich AG und viele leistungsfähige Klein- und Mittelbetriebe.

Die Region Steyr ist aber nicht nur wegen seiner Wirtschaftsbetriebe bekannt, sie ist auch der Adventszeit und Weihnachten in besonderer Weise verbunden, wie man an den berühmten Krippen sieht. Das *Steyrer Kripperl* besteht aus etwa 500 Stabpuppen, die rund 20 Zentimeter groß sind und zum Teil manuell bewegt werden können. Im *Innerberger Stadl* gibt es zur Weihnachtszeit noch Aufführungen mit dieser Krippe, bei denen die seit Generationen überlieferten Texte gesprochen und Lieder gesungen werden.

Der nahegelegene Ort *Christkindl* ist das Symbol für die Weihnachtszeit schlechthin. Briefe aus aller Welt werden über das Sonderpostamt Christkindl verschickt, damit sie den liebevoll gestalteten Poststempel erhalten. Auch hier gibt es zwei großartige Krippen zu sehen. Einmal die mechanische Krippe des Karl Klauda (1855–1939): Mit Hilfe von Wellen, Zahnrädern und sogar Fahrradketten werden rund 300 Figuren zum Leben erweckt, wobei auch Musik nicht fehlen darf – eine Walzenorgel zaubert Weihnachtsstimmung.

Die zweite Krippe, die Pöttmesser Krippe, gehört mit einer Fläche von 58 Quadratmetern und 778 Figuren zu den größten Krippen der Welt. Erst um 1955 entstand diese Riesenkrippe mit ihren 20 bis 30 Zentimeter großen Figuren.

Dem Steyrtal nach Südwesten folgend gelangen wir nach Molln. Dort wurde erst vor einigen Jahren ein Gebäude errichtet, das zum neuen Wahrzeichen des Ortes geworden ist: das Nationalparkzentrum Kalkalpen, ein architektonisch gelungener Holz-Glasbau. Hier können umfassende Informationen über den nahen Nationalpark Kalkalpen eingeholt werden.

In Molln werden auch heute noch Maultrommeln nach alter Tradition erzeugt. Zur Blütezeit gab es in Molln immerhin rund 30 Werkstätten, die sich mit der Fertigung dieser Instrumente beschäftigt haben. Heute bestehen nur noch drei Betriebe, die ihre Erzeugnisse in alle Welt exportieren.

Molln
Maultrommeln werden in Molln nach alter Tradition gefertigt

Im Nationalparkzentrum Molln
erhält man Tipps für erlebnisreiche Ausflüge in den Nationalpark Kalkalpen

DAS TRAUNVIERTEL

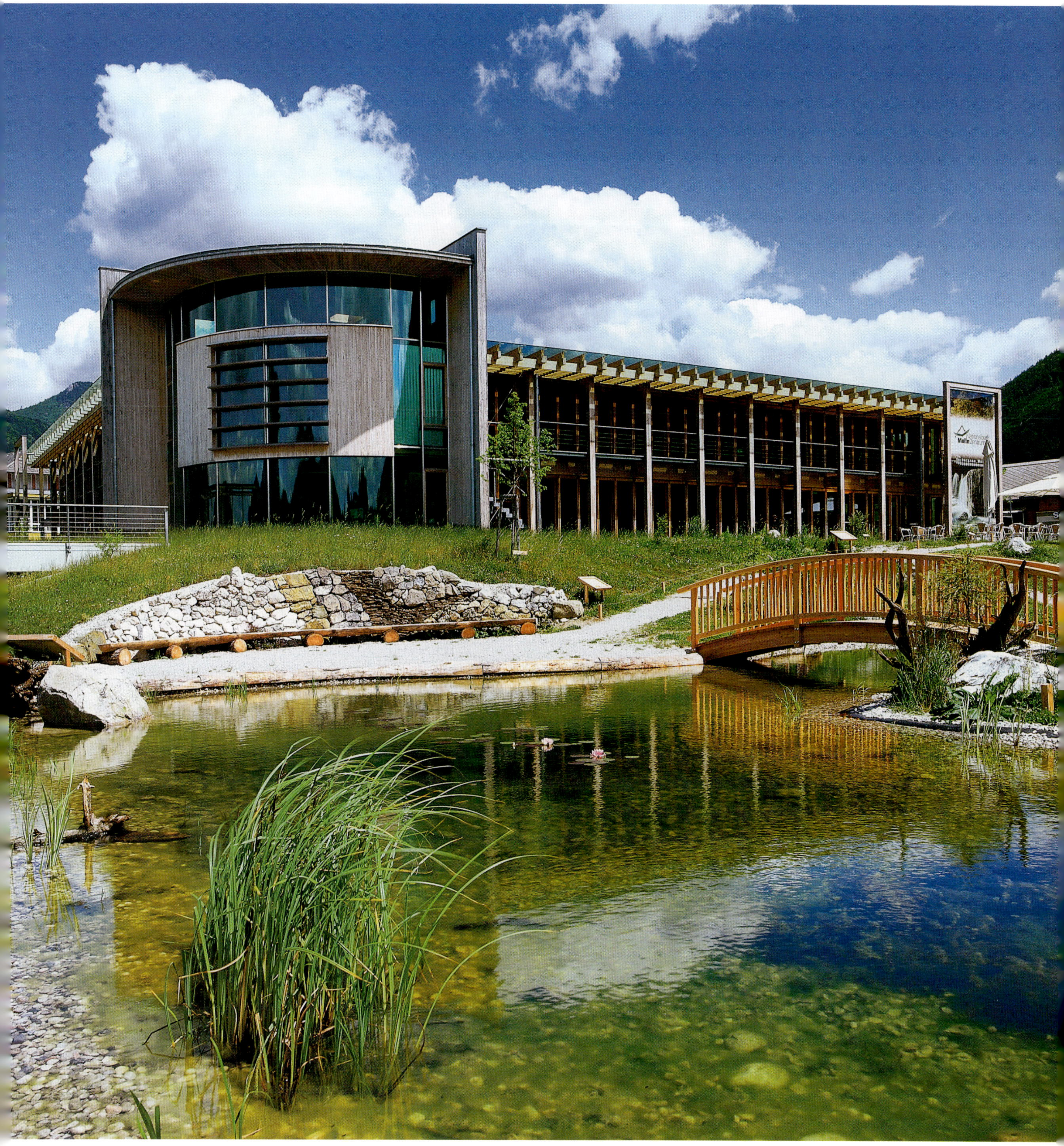

Wallfahrtskirche Frauenstein
Die spätgotische Schutzmantelmadonna ist ein Werk von internationalem Rang

Die in ihrer äußeren Erscheinung eher unspektakuläre Landkirche birgt in ihrem Inneren die berühmteste gotische Schutzmantelmadonna Österreichs. Sie gilt als das Hauptwerk des schwäbischen Bildhauers Gregor Erhart (geb. um 1460, gest. vor 1540) und soll im Auftrag des Kaisers Maximilian I. um das Jahr 1515 entstanden sein.

Vorbei am Schloss Klaus – in dem im Sommer festliche Konzerte veranstaltet werden – und dem Klauser See, der künstlich aufgestauten Steyr, gelangen wir durch das enger werdende Steyrtal nach Hinterstoder. Hinterstoder ist sowohl im Sommer als auch im Winter ein viel besuchter Ort. In der verschneiten Jahreszeit ist die nahe gelegene Höss ein beliebtes Schigebiet, auf dem inzwischen sogar alpine Weltcup-Rennen ausgetragen werden. Wer es im Winter etwas einsamer haben will, dem bieten die umliegenden Berge die Möglichkeit zu ausgedehnten Schitouren.

In der wärmeren Jahreszeit lädt die Gegend zum Wandern ein, wobei der Große Priel eines der beliebtesten Ziele ist. Von Hinterstoder ausgehend führt der Weg zuerst zum so genannten Schiederweiher. In diesem See spiegeln sich bei klarem Wetter die Spitzmauer und das Massiv des Großen Priels – ein unglaubliches Panorama. Dann geht es vorbei an Wasserfällen hinauf zum Prielschutzhaus. Meist wird auf dieser Hütte übernachtet, bevor es am nächsten Tag auf den Gipfel des 2.515 Meter hohen Berges geht. Nur besonders konditionsstarke Bergwanderer schaffen die gut 2000 Meter Höhenunterschied an einem einzigen Tag. Für all jene, denen dieser Weg zu wenig spektakulär ist, gibt es noch den ziemlich ausgesetzten Klettersteig über den Südostgrat. Diese Route sollte aber nur von schwindelfreien, erfahrenen Bergsteigern begangen werden. Welchen Weg man auch gewählt haben mag, eines ist gewiss: Der Gipfel des Großen Priel eröffnet weite Blicke über die verkarstete Landschaft des Toten Gebirges bis hin zum Dachsteinmassiv.

Was man mit Maultrommeln so alles spielen kann, das kann man in Molln auf dem jährlich stattfindenden Maultrommelfestival hören, und wer glaubt, da gäbe es nur Volksmusik zu hören, der irrt. Musiker aus vielen Ländern reisen zu diesem einzigartigen Musikfest nach Molln und spannen hier einen musikalischen Bogen, der von der Volksmusik bis zur experimentellen Musik reicht.

Die Steyr weiter stromaufwärts erreichen wir eine tief in das Gestein eingeschnittene Schlucht, den *Steyrdurchbruch*. Hier wird die Gewalt der Wassermassen zu einem echten Naturschauspiel. Das in der Nähe befindliche Wasserkraftwerk ist ein Industriedenkmal ersten Ranges; es wurde vom Jugendstilarchitekten Mauriz Balzarek (1872–1945) erbaut. Nur wenige Kilometer entfernt liegt auf einer Anhöhe über dem Tal der grünen Steyr die Wallfahrtskirche von Frauenstein.

Gleinkersee
Auf 806 Meter Seehöhe liegt der Gleinkersee bei Windischgarsten

VON STEYR BIS ZUR PYHRN-PRIEL-REGION

Spital am Pyhrn
Das Abschlussgitter unter der Orgelempore ist ein Meisterwerk der Schmiedekunst

Besonders reizvoll ist auch die Gegend um Windischgarsten und Spital am Pyhrn im Tal der Teichl. Der hübsche Markt Windischgarsten ist von Bergen förmlich umrahmt. Auf der einen Seite befindet sich das Massiv des Sengsengebirges mit dem Hohen Nock als höchste Erhebung – dieser Gebirgszug gehört bereits zum Nationalpark Kalkalpen. In Richtung Spital am Pyhrn liegen dann der Große und der Kleine Pyhrgas sowie der Bosruck und etwas weiter in westlicher Richtung, dem Sengsengebirge gegenüber, erkennt man das Warscheneckmassiv.
Nur einige Autominuten von Windischgarsten entfernt liegt der Gleinkersee. Auch im Hochsommer ist dieser Gebirgssee, der immerhin auf 807 Meter Seehöhe liegt, erfrischend kalt. Im Wasser des Sees finden sich Muscheln und Krebse. Vom See führt ein Weg steil hinauf zur Dümlerhütte und von dort aus weiter auf den Gipfel des Warschenecks. Oder man wählt eine ebenere Route zum bekannten Pießling Ursprung, einer der größten Karstquellen der Ostalpen, wo ein Bach direkt aus einer Höhle inmitten einer mächtigen Felswand entspringt. Auch hier wird die Wasserkraft seit langem für die Eisenverarbeitung genutzt. Etwas unterhalb des Pießling-Ursprungs befindet sich im Ort Roßleithen das Sensenwerk Schröckenfux. Seit mehr als 450 Jahren werden hier Sensen erzeugt.

Spital am Pyhrn hat einige interessante Sehenswürdigkeiten zu bieten. So zum Beispiel die von Johann Michael Prunner (1669–1739) 1730 fertiggestellte, ehemalige Stiftskirche. Das Innere der Kirche bietet großartige barocke Fresken von Bartolomeo Altomonte. Dieser hat von 1737 bis 1740 im Chor der Kirche den größten Freskenzyklus nördlich der Alpen geschaffen. Ebenfalls sehenswert ist ein schmiedeeisernes Abschlussgitter unter der Orgelempore aus der Zeit um 1730.

Wer lieber die Natur erleben will, sollte durch die Vogelsangklamm wandern: Eine enge Schlucht mit einem tosenden Bach, die mit Holzstegen und Leitern begehbar gemacht wurde. Am Ende der Schlucht angekommen, ist es nicht mehr weit zur Bosruckhütte. Von hier aus eröffnet sich ein prächtiger Blick auf den Bosruck, der halb in Oberösterreich und halb in der Steiermark liegt. Nur kurz geht es weiter hinauf zur Ochsenwaldalm mit Jungkühen, die in den Sommermonaten vor der malerischen Gebirgskulisse grasen; eine Szenerie wie aus einem alten Heimatfilm. Nicht weit von Spital am Pyhrn entfernt, knapp vor dem Pyhrnpass liegt die Wurzeralm. Im Winter ein beliebtes Schigebiet, ist die herrliche Almlandschaft auch im Sommer ein attraktives Ausflugsziel für Touristen. Ausgehend vom Linzer Haus, einer Art Berghütte, kann man das Warscheneck besteigen oder einfach über die sattgrüne Almlandschaft wandern.

Spital am Pyhrn
Blick auf die Anlage des ehemaligen Stiftes

VON STEYR BIS ZUR PYHRN-PRIEL-REGION

Steyr. Das Sternhaus am Stadtplatz zeigt reichen, zum Teil figürlichen Fassadenschmuck der Barockzeit

Steyr. Das Bummerlhaus am Stadtplatz ist das besterhaltene spätgotische Bürgerhaus der Stadt Steyr

VON STEYR BIS ZUR PYHRN-PRIEL-REGION

Steyr. Das Rathaus mit seinem Uhrturm beherrscht durch seine Höhe den Stadtplatz

Steyr. Der Stadtplatz bildet mit seinen historischen Häusern ein geschlossenes Ensemble

Steyr. Der Innberger Stadl am Steyrer Grünmarkt dient heute als Städtisches Museum

Das Schloss Klaus ist durch seine musikalischen Veranstaltungen im Sommer bekannt geworden

Der Stau- und Erholungssee Klaus bietet im Herbst ein prächtiges Farbenspiel.

Steyrling. Eisenbahnbrücke im Herbst

Steyrtal. Frühling

Bei Hinterstoder. Ein atemberaubendes Panorama spannt sich vom Schiederweiher bis zu den Gipfeln der Spitzmauer und des Großen Priel

Laussabach an der Hengstpassstraße. Winterimpressionen

VON STEYR BIS ZUR PYHRN-PRIEL-REGION

Hinterstoder. Paragleiter

Bei Hinterstoder. Schifahren auf der Höss

Wintersport auf der Höss bei Hinterstoder. Totes Gebirge und Großer Priel

Großer Priel. Mit einer Höhe von 2515 Metern der höchste Berg des Toten Gebirges

Die Bärenalm bei Hinterstoder bietet einen prächtigen Blick auf das Tote Gebirge

Kirche Steinbach an der Steyr. Spätgotische Glasfenster

Steinbach an der Steyr

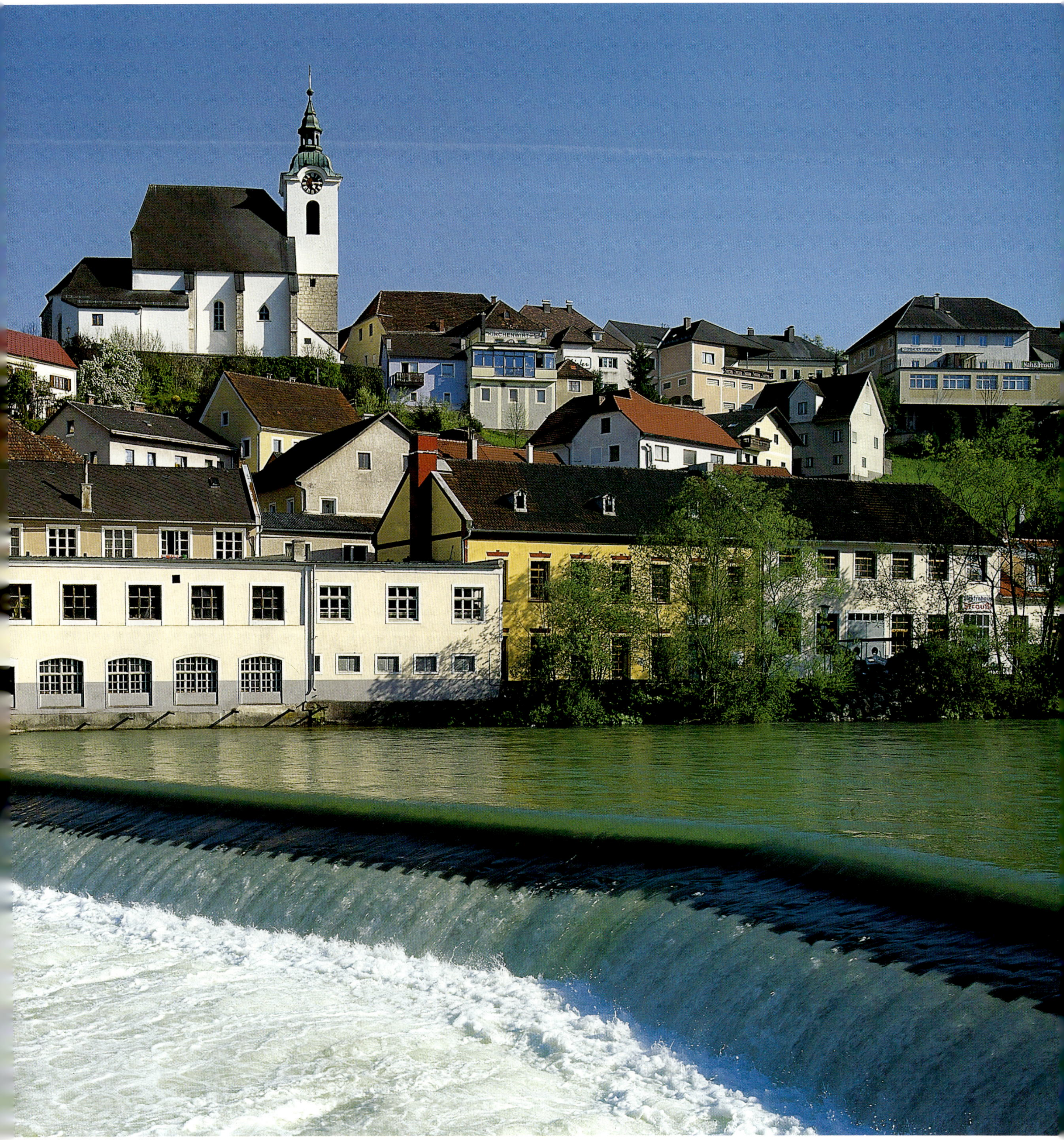

Die Schlucht des Steyrdurchbruches in der Nähe von Klaus ist ein besonderes Naturschauspiel

Vogelsangklamm bei Spital am Pyhrn

Wasserfall vor der Einmündung des Laussabaches in die Enns bei Altenmarkt

Die Ochsenbergalm nahe Spital am Pyhrn mit Bosruck

Gleinkersee. Farbspiele

Gleinkersee im Frühling

Hengstpasshöhe mit Blick auf die Haller Mauern

Roßleithen. Altes Sensenwerk im Winter

Die Wurzeralm ist nicht nur für Einheimische ein beliebtes Schigebiet

Von der Wurzeralm
aus kann man das 2388 Meter hohe Warscheneck besteigen

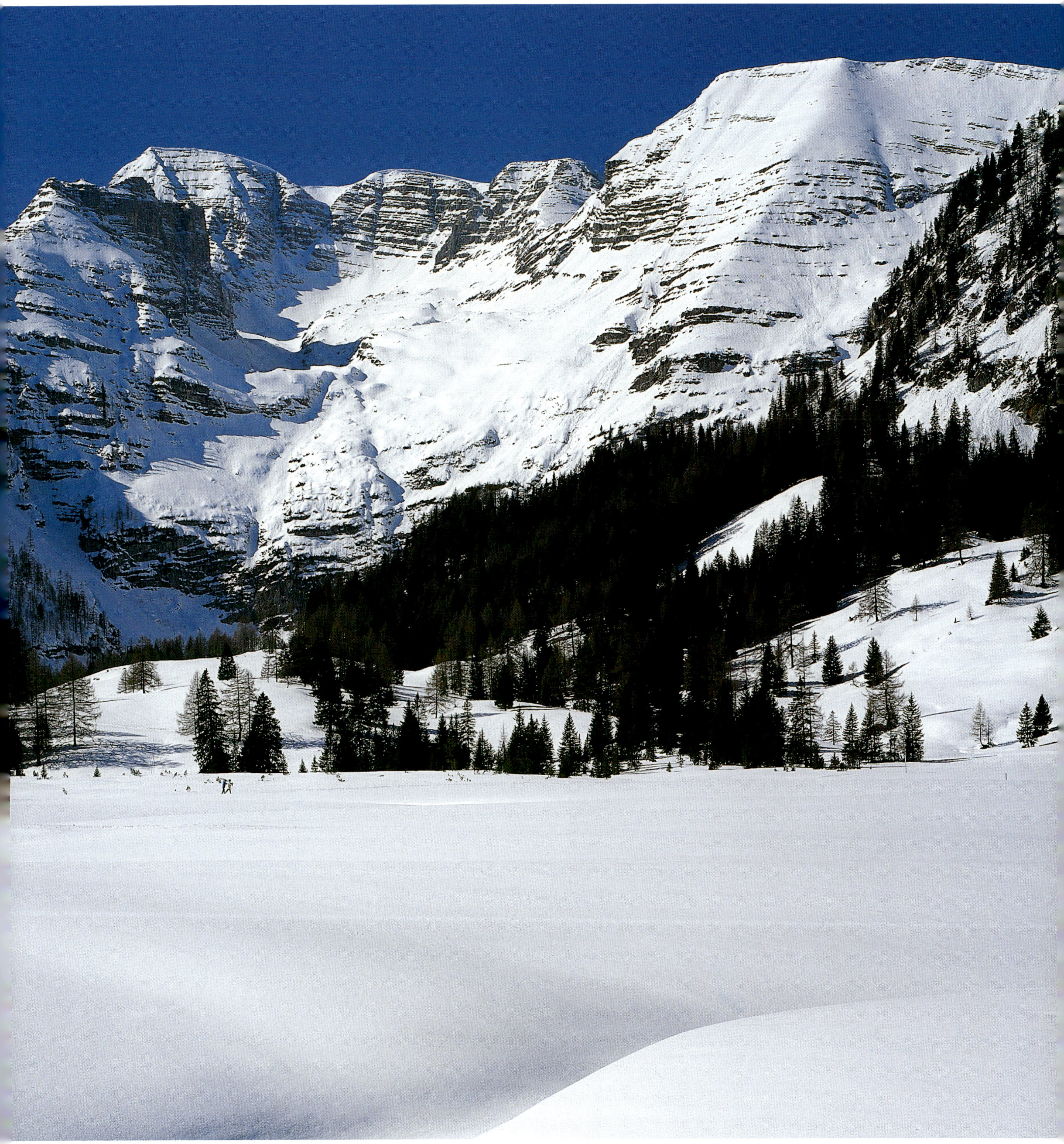

Brauchtum im Traunviertel

Glöcklerlauf: In Ebensee, Bad Ischl, Hallstatt, Vorchdorf und Gmunden – am Vorabend zum Dreikönigstag.

Fasching (Karneval): Faschingssitzungen in allen Teilen des Traunviertels, Faschingsumzüge.

Ebenseer Fetzenfasching: Faschingssamstag: Kinderfaschingszug; Faschingssonntag: Festzug; eigentlicher Höhepunkt: Rosenmontag.

Rudenkirtag: Am Faschingsdienstag in Sierning, Wettstreit im Tanzen und Singen.

Aschermittwoch: Fasching begraben oder verbrennen (Salzkammergut); unter anderem in Ebensee und Bad Ischl.

Liebstattsonntag: Gmunden, am 4. Fastensonntag; Lebkuchenherzen werden verteilt bzw. verkauft; auch in Bad Goisern und Ebensee.

Palmsonntag: In vielen Orten Palmsonntagsprozessionen; besonders beeindruckend in Bad Ischl.

Gründonnerstag: Traunkirchen, Antlaßsingen.

Ahnlsonntag: In Aschach an der Steyr, Gleink usw; am *Weißen Sonntag*, dem ersten Sonntag nach Ostern, werden die Kinder von ihren Großeltern bewirtet, es werden auch spezielle „Ahnlkipferl" – Weinbeer- oder Butterkipferl – gebacken.

Georgiritt, 24. April: Micheldorf, Scharnstein, Viechtwang, Weyer.

Maibaumaufstellen, 30. April (seltener 1. Mai): Der Maibaum muss ohne technische Hilfe – also händisch – aufgestellt werden.

Unruhenacht: In der Nacht von Pfingstsonntag auf Pfingstmontag, im Salzkammergut in der Nacht vom 30. April auf den 1. Mai: Alles, was nicht niet- und nagelfest ist, wird versteckt oder an einen anderen Ort gebracht.

Fronleichnamsprozessionen: In Traunkirchen und in Hallstatt finden Seeprozessionen auf Booten statt, Fronleichnamsprozessionen im ganzen Traunviertel.

Sonnwendfeuer: 24. Juni (oder 21. Juni).

Peterlfeuer: 29. Juni.

Tag der Tracht: Am Sonntag vor Mariä Himmelfahrt in Vorderstoder, in anderen Orten des Traunviertels zu unterschiedlichen Terminen.

Mariä Himmelfahrt, 15. August: So genannte *Kräuterweihe*; Blumen und Heilkräuter werden geweiht, z. B. in Steyr.

Seitlpfeifertag: Musikdarbietung auf einer Alm im Salzkammergut (jedes Jahr auf einer anderen Alm).

Almabtrieb: Die geschmückten Rinder werden meist am Michaelitag (29. 9.) oder am 1. Samstag nach Michaeli von den Almen ins Tal getrieben.

Lichtbratlmontag: Am Montag nach dem Michaelitag, nur in Bad Ischl. Ab Mittag sind meist die Geschäfte geschlossen, die Chefs laden zum „Lichtbratl" (Essen) ein.

Leonhardritt: Pettenbach, Heiligenleithen: Am Sonntag, der dem 6. November am nächsten liegt. Pucking: Am Sonntag nach dem 6. November.

Martin, 11. November: Martinsritt: Aschach an der Steyr, Warberg an der Krems etc.

Katharina, 25. November: Kathreintanz, in vielen Orten.

Vogelfänger-Ausstellungen: Am letzten Sonntag vor Adventbeginn, dem so genannten „Kathreinsonntag", präsentieren die Vogelfänger des Salzkammergutes meist in Gasthäusern ihre gefangenen Singvögel, die schönsten Exemplare werden prämiert.

Adventzeit: Christkindlmärkte, im ganzen Traunviertel.

5. Dezember: „Niglo-Umzug" in Windischgarsten, findet alle 2 Jahre statt (an geraden Jahren).

Nikolaus, 6. Dezember: Nikolausumzüge im ganzen Traunviertel.

Kripperlroas (zwischen 26. Dezember und 6. Jänner): Besonders in Ebensee, Bad Ischl und Hallstatt ist es üblich, die besonders schönen und traditionsreichen Krippen in den privaten Wohnhäusern zu besuchen, bei den Krippen wird oft gesungen.

Krambamperlbrennen, 26. Dezember: In Gasthäusern von Bad Goisern und Bad Ischl.

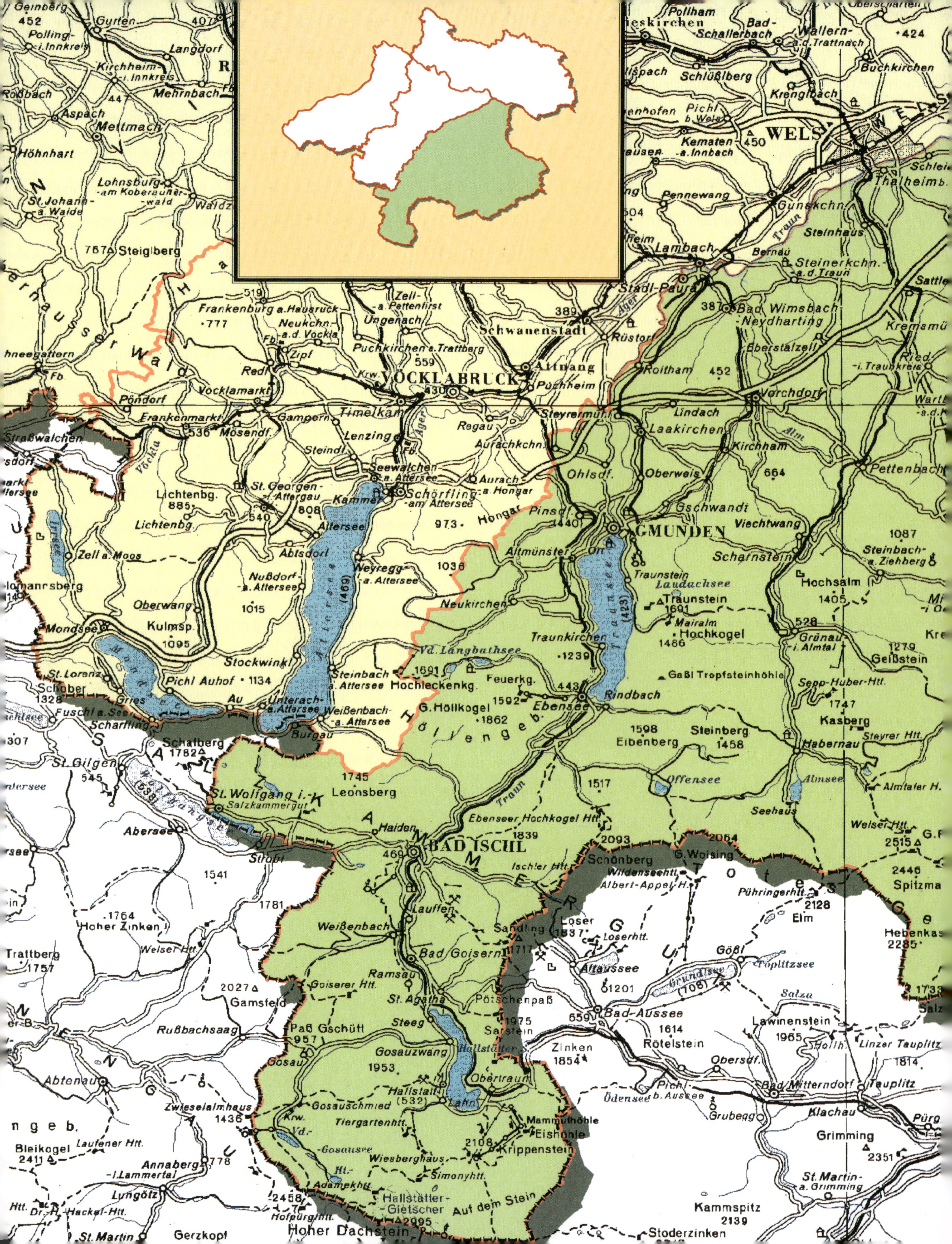

Geinberg
Gurten
Polling i. Innkreis
Langdorf
Kirchheim i. Innkreis
Roßbach
Mehrnbach
Aspach
Mettmach
Höhnhart
Lohnsburg am Kobernaußerwald
St. Johann a. Walde
Steiglberg
Kobernaußer Wald
Hausruck
Frankenburg a. Hausruck
Neukchn. a.d. Vöckla
Zipf
Redl
Vöcklamarkt
Pöndorf
Frankenmarkt
Mösendf.
Gampern
Timelkam
Zell a. Pettenfirst
Ungenach
Puchkirchen a. Trattberg
Schwanenstadt
Attnang
Puchheim
VÖCKLABRUCK
Lenzing
Regau
Aurachkchn.
Seewalchen a. Attersee
Schörfling am Attersee
Aurach a. Hongar
Hongar
Kammer
Straßwalchen
St. Georgen i. Attergau
Lichtenbg.
Attersee
Abtsdorf
Weyregg a. Attersee
Zell a. Moos
Irrsee
Nußdorf a. Attersee
Oberwang
Kulmsp.
Mondsee
Stockwinkl
Pichl Auhof
Au
Unterach a. Attersee
Weißenbach a. Attersee
Burgau
Steinbach a. Attersee
Hochleckenkg.
St. Lorenz
Schober
Gries
Fuschl a. See
Scharfling
Schafberg
St. Gilgen
Wolfgangsee
St. Wolfgang i. Salzkammergut
Leonsberg
Abersee
Strobl
Hoher Zinken
Trattberg
Gamsfeld
Rußbachsaag
Abtenau
Zwieselalmhaus
Bleikogel
Laufener Htt.
Annaberg i. Lammertal
Lungötz
Hackel-Htt.
St. Martin
Gerzkopf
Hoher Dachstein
Pollham
Grieskirchen
Bad Schallerbach
Wallern a.d. Trattnach
Buchkirchen
Schlüßlberg
Krenglbach
Pichl b. Wels
Kematen a. Innbach
WELS
Thalheim
Pennewang
Gunskchn.
Lambach
Stadl-Paura
Bernau
Steinerkchn. a.d. Traun
Bad Wimsbach Neydharting
Rüstorf
Eberstalzell
Roitham
Vorchdorf
Ried i. Traunkreis
Kremsmü
Steyrermühl
Lindach
Laakirchen
Kirchham
Ohlsdf.
Oberweis
Pettenbach
Pinsdorf
Gschwandt
GMUNDEN
Viechtwang
Altmünster
Ort
Traunsee
Scharnstein
Steinbach a. Ziehberg
Traunstein
Laudachsee
Hochsalm
Mairalm
Hochkogel
Neukirchen
Traunkirchen
Grünau i. Almtal
Geißstein
Vd. Langbathsee
Feuerkg.
Gaßl Tropfsteinhöhle
Sepp-Huber-Htt.
Rindbach
Ebensee
G. Höllkogel
Höllengeb.
Kasberg
Steyrer Htt.
Eibenberg
Steinberg
Habernau
Offensee
Almsee
Almtaler H.
Seehaus
Ebenseer Hochkogel Htt.
Welser Htt.
Haiden
BAD ISCHL
Ischler Htt.
Schönberg
Wildenseehtt.
Albert-Appel-H.
G. Woising
Totes Gebirge
Spitzma
Pühringerhtt.
Elm
Hebenkas
Lauffen
Weißenbach
Sandling
Loser
Loserhtt.
Bad Goisern
Altaussee
Gößl
Toplitzsee
Grundlsee
Salza
Ramsau
Goiserer Htt.
St. Agatha
Pötschenpaß
Bad-Aussee
Lawinenstein
Paß Gschütt
Steeg
Sarstein
Rötelstein
Zinken
Gosauzwang
Hallstätter See
Obersdf.
Linzer Tauplitz
Gosau
Obertraun
Pichl b. Aussee
Bad Mitterndorf
Tauplitz
Hallstatt
Ödensee
Klachau
Gosauschmied
Lahn
Grubegg
Tiergartenhtt.
Mammuthöhle
Eishöhle
Grimming
Vd. Gosausee
Krippenstein
Wiesberghaus
Simonyhtt.
Adamekhtt.
St. Martin a. Grimming
Hofpürglhtt.
Hallstätter Gletscher
Auf dem Stein
Kammspitz
Stoderzinken